Liebe Leserinnen, liebe Leser!

*Die engagierte Fotografin **Sabine Lubenow** hat Schleswig-Holstein zu ihrer Wahlheimat erklärt und ist ganz häufig im „Land zwischen den Meeren" unterwegs.*

Können Sie sich etwas unter Zumba, Flashcups oder Xlider vorstellen? Nein? Dann wird es höchste Zeit für einen Besuch der schleswig-holsteinischen Ostseeküste. Während andernorts kiten noch als trendy gilt, so sind es hier besagte Funsportarten. Insbesondere das „OstSeeFerienland" mit den drei Seebädern Grömitz, Damp und Kellenhusen hat sich ausgefallenen Sportarten verschrieben. Hier können Sie u.a. den südamerikanischen Fitnesstanz Zumba erproben, können blitzschnell einen Pyramidenbau aus Bechern errichten (das nennt man Flashcups) oder sich einmal in Xlider versuchen, einer südkoreanischen Funsportart, die Elemente des Inlineskatens, Waveboardens und Wellenreitens verbindet.

Es hat sich viel getan an der Ostsee

Damit nicht genug, auch sonst hat sich viel getan an der Ostsee. Neue Erlebnispromenaden sind vielerorts entstanden, und jedes Seebad, das etwas auf sich hält, kann nun eine ansehnliche Seebrücke vorweisen, so geht es in Heiligenhafen seit 2012 im Zickzackkurs 440 m weit ins Meer hinaus. Grömitz hat nicht nur eine Seebrücke sondern sogar eine Tauchgondel. Neue Vier- und Fünfsterneaparthotels sollen auf Fehmarn entstehen – keine Frage, zunehmend mehr Luxus und Lifestyle sind angesagt an der Ostsee.

Zwischen Meer und Seen

*Die Autorin **Hilke Maunder** lebt in Hamburg. Schöne Sommerwochenenden genießt sie regelmäßig an der Ostseeküste zwischen Lübeck und Flensburg.*

Seit eh und je schön sind die Sandstrände. Insgesamt lockt eine 384 km lange Küstenlinie. Wer dann doch genug hat von Sonne, Strand und Meer, der begebe sich ins Hinterland, in die idyllische Holsteinische Schweiz. Zu den kulturellen Highlights gehört für mich hier ein Besuch der Eutiner Festspiele und zu den besonderen Naturerlebnissen die Fünf-Seen-Fahrt mit einem Ausflugsschiff von Bad Malente-Gremsmühlen oder aber der gemütliche Spaziergang um den romantischen Ukleisee ... Genießen Sie Ihren Aufenthalt zwischen Meer und Seen!
Herzlich

Ihre

Birgit Borowski

Birgit Borowski
Programmleitung DuMont Bildatlas

80 Die große Windjammerparade gehört zu den Höhepunkten der jährlich bis zu drei Millionen Besucher begeisternden Kieler Woche.

22 Lübeck und die Lübecker Bucht bieten jedem etwas: Kultur, Natur – und Badefreuden wie hier im Seebad Sierksdorf.

100 Deutsch und dänisch gibt sich der hohe Norden – besonders auch in Flensburg.

71 Beim geruhsamen Wasserwandern
auf der Schwentine entspannen
Besucher wie Einheimische.

DuMont
Aktiv

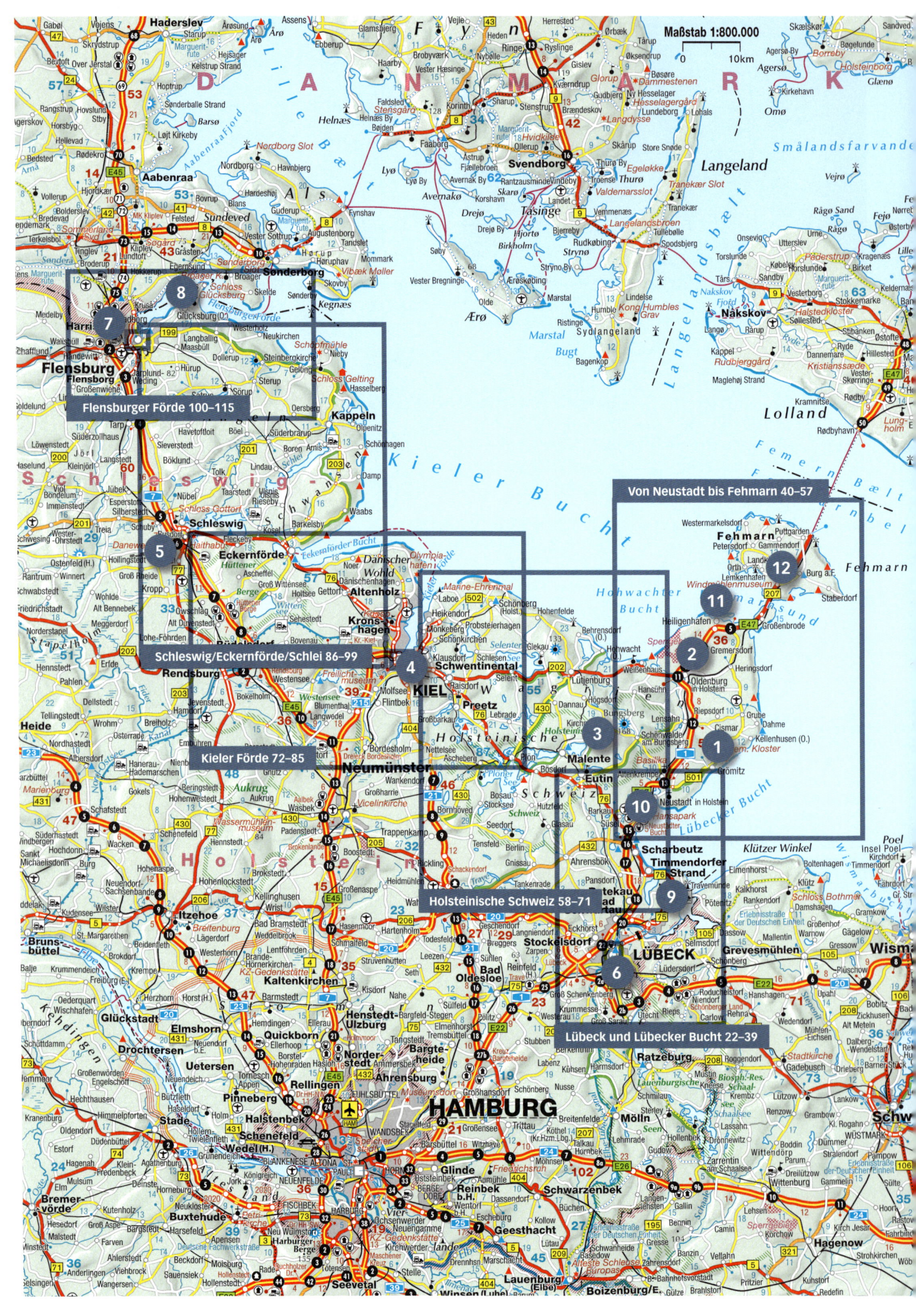

Maßstab 1:800.000

0   10km

Topziele

Die bedeutendsten Sehenswürdigkeiten an der schleswig-holsteinischen Ostseeküste und Erlebnisse, die Sie keinesfalls versäumen dürfen, haben wir auf dieser Seite für Sie zusammengestellt. Auf den Infoseiten ist das jeweilige Highlight als TOPZIEL *gekennzeichnet.*

ERLEBEN

1 Grömitz: Mit der Tauchgondel an der Seebrücke geht es in die Unterwasserwelt der Ostsee. **Seite 55**

2 Wallmuseum Oldenburg: An der Küste gibt es Wallburgen aus Holz – errichtet von Slawen, die einst die Wikinger vertrieben. **Seite 56**

3 Malente: Mehr als 200 Seen machen die Holsteinische Schweiz zum Paradies für Wassersportler. **Seite 70**

4 Kieler Woche: Volksfest und Segelregatta der Superlative – das muss man einfach einmal erlebt haben! **Seite 83**

5 Wikingermuseum Haithabu: Tauchen Sie ein in die Welt der Wikinger – in Haithabu ist die Kultur der Nordmänner quicklebendig. **Seite 98**

KULTUR

6 Lübeck: Flanieren Sie durch die Gassen und Gänge der Königin der Hanse. **Seite 37**

7 Flensburg: Überraschendes zutage bringt ein Besuch in der nördlichsten Stadt Deutschlands. **Seite 113**

8 Schleswig-Holstein-Musik-Festival: Sommer nach Noten – in Spielstätten wie Schloss Glücksburg ... **Seite 114**

NATUR AKTIV

9 Brodtener Ufer: Nirgendwo sonst schwingt sich Schleswig-Holsteins Ostseeküste so imposant empor wie zwischen Niendorf und Travemünde. **Seite 38**

10 Pelzerhaken: Sie wollten sich schon immer einmal als Surfer versuchen? Die selbst ernannte Surf-City ist ein Traum für Speedsurfer. **Seite 55**

11 Heiligenhafen: In Heiligenhafen dürfen auch Landratten ohne Sportbootführerschein mal Kapitän sein und in schnellen Schlauchbooten die Küste erkunden. **Seite 56**

12 Fehmarn: Mit den fast 2200 Sonnenstunden, die sie abbekommt, erstrahlt Schleswig-Holsteins einzige Ostseeinsel fast das ganze Jahr über als ein „Paradies auf Erden". **Seite 57**

Kitesurfen an der Kieler Bucht

Urlaub im hohen Norden Deutschlands – dazu
gehören Dünen, feiner Sand und Strandkörbe,
aber auch die verschiedensten Wassersportmög-
lichkeiten, beispielsweise Kitesurfen wie hier am
Strand von Schönberg an der Kieler Bucht. Und
wer es nicht wagt, sich dem Wind anzuvertrauen,
der spaziert ein wenig am Meersaum entlang ...

Blick über die Trave auf die Altstadt der Hansestadt Lübeck

Kess recken hier fünf Türme ihr Haupt über die Dächer der Stadt, während „Marie" im Vordergrund gemütlich schaukelt: In Lübeck ist man sich seiner Bedeutung als Weltkulturerbe der UNESCO durchaus bewusst – im Alltag kann man es dann ja ein bisschen gemächlicher angehen lassen.

MARIE

Fischverkauf in Travemünde

Hier wird doch nicht etwa Pionierarbeit geleistet? Das vielleicht nicht, aber altes Handwerk hat im hohen Norden noch durchaus seinen schwankenden Boden. Wenn der Fisch nämlich frisch von den Planken des Kutters verkauft wird, dann ist der Fisch auch wirklich frisch – das freut den Käufer wie den Verkäufer.

Impressionen von der Kieler Woche

Es ist keineswegs verbürgt, dass der Begriff „kielholen" irgend etwas mit der Landeshauptstadt an der Förde zu tun haben könnte. Abgesehen von der Tatsache vielleicht, dass beides, Kiel wie das Kielholen, mit Seefahrt zu tun hat – und die spielt in Kiel durchaus eine wichtige Rolle. Ganz besonders augenfällig wird das alljährlich bei der Kieler Woche, jener Segelregatta mit Volksfestflair, im Rahmen derer sich Tausende Menschen vergnügen. Doch auch sonst gilt: Die Stadt muss man gesehen haben. Man sollte so viele Besucher wie möglich nach Kiel holen!

Steg bei Bosau am großen Plöner See

Das Wechselspiel von Wasser und Land mit Wiesen und Wäldern sowie an die 200 Seen prägen die Holsteinische Schweiz. Kein Wunder, dass sich schon früh auch „Augenmenschen" – Musiker (die mit der Seele sehen) und Maler – für diese Kulturlandschaft begeisterten. Beschrieben werden wollte die Idylle natürlich auch – Schriftsteller widmeten ihr gar liebliche Worte. Eher profan kam es dagegen zur Namensgebung: Ein Hoteleigner warb mit dem Slogan „die Schweiz Holsteins", ein anderer drehte das Ganze um und eröffnete ein Hotel „Holsteinische Schweiz" – so kam auch die Region zu ihrem Namen.

Beachvolleyball an einem Strand an der Lübecker Bucht

Spiel, Satz, Sieg: Die hiesigen Strände sind ideale Tummelplätze für Freizeitsportler. Und was nach olympischem Ehrgeiz aussieht, macht einfach Spaß! Jeder, der mag, darf sein Geschick mit dem Ball unter Beweis stellen, und wer fällt, landet weich im Sand.

Die schönsten Outdoor-Erlebnisse

Wasser und Wind, Sand und Erde

Die Ostseeküste Schleswig-Holsteins und ihr abwechslungsreiches Hinterland sind eine einzige riesige Spielwiese für alle, die gern aktiv sind. Adrenalinkitzel lockt ebenso wie stille Begegnungen mit der Natur.

1 Dampfer-Törn

Von Mai bis September lockt in Flensburg im hohen Norden ein ganz besonderes, sehr nostalgisches Schiffserlebnis: Dann schippert wieder die „Alexandra", Deutschlands einziger seegehender Salondampfer (1908), über die Flensburger Förde und die Ostsee – und das seit nunmehr 100 Jahren.

Erw. 20 €, Kinder 10 €, wechselnde Termine online auf www.dampfer -alexandra.de

2 Abtauchen zu Wracks und Riffen

Seegrasfelder und Muschelbänke, besiedelte Riffe und geheimnisvolle Wracks: Die Ostsee Schleswig-Holsteins ist ein faszinierendes Revier für alle Tauchfans – Dorsch, Hering, Knurrhahn und Meerforelle begleiten sie dabei. Mit etwas Glück entdeckt man auch Seeskorpione, Seenadeln, Seehasen und Seenelken. Mit 16 bis 18 °C sind die Wassertemperaturen zwar eher niedrig, mit Longjohn, Kopf- kappe und Handschuhen sollte das aber auszuhalten sein. Hartgesottene erkunden die Ostsee im Winter im Trockenanzug. Tauchgänge starten vom Schlauchboot, Kabinenkreuzer oder Traditionskutter, von Seebrücken wie in Grömitz – und sogar vom Strand aus.

www.ostsee-schleswig -holstein.de/unterwasser welt.html

3 Bergspaziergang

Vor 10 000 Jahren ragte er als „Nunatak" aus einem Gletscher heraus. Heute ist der Bungsberg mit 168 m über Normalnull der höchste Gipfel des nördlichsten Bundeslands – und ein sehr beliebtes Ausflugsziel. Wer ihn besteigen will, parkt sein Fahrzeug auf dem Parkplatz „Gläserland" an der L 216 zwischen Schönwalde und Hansühn und läuft vorbei am neuen Waldspielplatz zum eben- falls neu angelegten Umwelt- und Informationszentrum Bungsberg. Wenig weiter erheben sich der denkmalgeschützte Elisabethturm (derzeit geschlossen) und der 179 m hohe Fernsehturm – im Innern führen Treppen hinauf zur Aussichtsplattform in 42 m Höhe (Eintritt frei). Den eigentlichen Gipfel markiert eine granitene Stele.

www.erlebnis-bungsberg.de

5

4

1

4

2

4 Eine Nacht am Strand

Einfach am Strand zu schlafen, ist eine Ordnungswidrigkeit, die teuer wird. Doch mit dem neuen Strandschlafkorb können Sie seit 2016 ganz legal am Strand übernachten. Die ersten Strandkojen stehen bereits – in Weissenhäuser Strand, Eckernförde, Scharbeutz, Timmendorfer Strand/Niendorf, Tra-

vemünde und auf Fehmarn. 1,4 m breit, bietet der neue Strand-Schlafkorb genug Platz für zwei Erwachsene. Bei Wind oder Regen kann er durch eine wetterfeste, mit Fenstern versehene Persenning verschlossen werden.

www.strandschlafen
-ostsee.de

5 Abheben in Holstein

Was gibt es Schöneres, als Schleswig-Holsteins Ostseeküste aus der Luft zu erleben, die silbrig blinkende Ostsee, die gelb blühenden Rapsfelder, die Buchenwälder, Strände und Steilküsten, Häfen, Fördenorte und Hansestädte? Das ganze Jahr hindurch starten Axel Ockelmann und sein Team in Lübeck, Kiel, Schleswig und Plön zu Ballonfahrten. Etwas ganz besonderes sind Dämmertörns in den Sonnenaufgang, Picknickfahrten und Dinnerfahrten mit Vier-Gänge-Menü in der Gondel.

www.ballonreisen.de

6 Überlebenstraining

Ob sie wohl in der Urzeit überlebt hätten? Mehr als 1000 Gäste wollen es jedes Jahr wissen – und lernen bei Detlev Kamerau die wichtigsten Techniken zum Überleben in der Wildnis. Der ehemalige Soldat zeigt, wie man in einfachen Laubhütten selbst Frosttage überlebt, wie man mit einem Stock Wasser aus ei-

nem Bach in eine Flasche leiten kann und welche Pflanzen nicht nur wirklich schmackhaft, sondern auch wahre Energiebomben sind.

Outdoor-/Survival-Schule Malente, Haferkamp 3a, 23714 Bad Malente/Kreuzfeld, Tel. 04523 20 71 50, www.survival-malente.de

Der immer-junge Geist der Hanse

Hanse, Holstentor, Marzipan und Thomas Mann – dieses Quartett machte Lübeck weltberühmt. Doch die Minimetropole an der Trave bietet viel mehr als Tradition und Nostalgie: ein lebendiges Kulturleben mit vielen Kreativen, die Trends setzen. Auch das einst kaiserliche Seebad Travemünde ist aufgewacht und zeigt sich im neuen Glanz, während die Society am Timmendorfer Strand Champagner schlürft – oder ganz unerkannt in Sierksdorf und Scharbeutz urlaubt.

Kleines Päuschen mit Blick auf ein großes UNESCO-Welterbe: Die Altstadt von Lübeck begrenzt im Westen das Holstentor.

Die ersten Sonnenstrahlen genießen: in einem Café
auf dem Marktplatz der Hansestadt

Tierische Begegnung auf einer Blumenwiese
mit Blick auf Lübecks Dom

Das „Haus der Schiffergesellschaft" (1535) mit seinem schönen Treppengiebel beherbergt heute ein Restaurant. In der historischen
Halle sitzt man auf Bankreihen („Gelage") aus dicken Eichenplanken, wie sie auch im Schiffbau verwendet wurden.

Durchblick: auf das Café Niederegger, eine (süße) Institution in Lübeck

Hinter den Backsteinfassaden vibriert ein junges, kreatives, modernes Lübeck.

Mein kleines Lübeck, du große Stadt…": Mit diesem Refrain haben sich Andi Klüver, Matze Langer und Gerrit Böttcher vom Projekt Caramba in die Herzen der Lübecker gesungen. Der Song der Band, die mit ihrem Stilmix aus Rock, Pop, Soul und A-capella-Rap die Kneipen füllt, avancierte binnen Wochen zur inoffiziellen Hymne, streichelt sie doch das Selbstwertgefühl mit Parolen wie „Lübecker sind die Geilsten". Ein Schuss Lokalpatriotismus tut der Stadt gut, die zum 1. Januar 2013 in die Metropolregion Hamburg integriert wurde.

Die einstige Königin der Hanse als Teil des Hanse-Konkurrenten Hamburg? Nicht jedem Lübecker gefiel die geopolitische Entscheidung, zu der sich die Ratsherren angesichts des harten globalen Standortwettbewerbs durchgerungen hatten. Rund um den Globus ist Lübeck seit Jahrzehnten immer gleich „gebranded": als UNESCO-Welterbe, bekannt durch Holstentor, Hanse, Marzipan und Thomas Mann. Doch das Klischee täuscht. Hinter den Backsteinfassaden vibriert ein junges, kreatives, modernes Lübeck.

Backstein-Idyll

Eingerahmt von Wakenitz und Trave, Mühlen- und Krähenteich sowie den Resten der Wallanlagen, drängt sich das alte Lübeck mit seinen Gassen und Gängen, Kirchen und Kontoren auf einer 100 Hektar großen Insel – ein Welterbe, wie gemacht für Flaneure. Stockrosen lehnen sich an weiß verputzte Fassaden, Kopfsteinpflaster glänzt im fahlen Licht der Laternen. Torbogen, bei denen man sich demütig bücken muss, trennen den Trubel der Innenstadt von kleinen Oasen mit einstöckigen Häuschen und winzigen Gärten. Am 28./29. März 1942 versank dieses Lübeck bei Bombenangriffen der Royal Air Force in Schutt und Asche. Betroffen war besonders der Westen der Altstadt. Von den Stadtkirchen überlebte nur St. Jacobi das Bombardement unversehrt, Marienkirche, Dom und Petrikirche stürzten ein, das Gründerviertel wurde fast völlig zerstört. Dass sich Lübeck heute wieder als die mittelalterliche „Königin der Hanse" präsentieren kann, verdankt die Stadt in Vielem dem Engagement der Possehl-Stiftung, vor allem in der Mengstraße, wo Thomas Mann mit seiner Familie lebte und seinen Roman „Buddenbrooks. Verfall einer Familie" schrieb. Ganz unten, wo schon die Trave in die Straße schimmert, steht das Schabbelhaus, in dem einst die Pfeffersäcke tafelten und Rotspon tranken. Der Rotwein aus Bordeaux, an der Trave verfeinert, machte Lübeck zu Hansetagen zur Weinhandelszentrale des Nordens.

Blick vom Malerwinkel über die Trave auf Lübecks
Altstadt mit St. Petri

Thomas Manns „Buddenbrooks" als „Jahrhundertroman" und den Manns als „Schriftsteller-
familie" sind die beiden ständigen Ausstellungen im Lübecker Buddenbrookhaus gewidmet.

Gewürze und Mandeln vom Mittelmeer verarbeiteten einst 130 Manufakturen zu Marzipan. Überlebt haben nur drei – zwei kleinere und ein weltberühmtes Haus, das ein junger Mann aus Ulm 1806 in Lübeck gründete: Niederegger. Im Stammhaus an der Breiten Straße stapelt sich sein Marzipan in allen Variationen – als Hansekogge und Holstentor, Herz, Obstkorb und Glücksschwein. Im nostalgischen Café genießt Björn Engholm, ehemaliger Ministerpräsident und passionierter Lübecker, beim Kaffee gern Niereggers Kuchenklassiker: Marzipantorte mit Walnusssahne.

Marzipan kommt auch stets auf den Tisch, wenn Bernd Saxe Besucher empfängt. Dreimal schon wurde der Sozial-

Willy Brandt, Günter Grass, Thomas Mann: Menschen mit Charisma sind eine Lübecker Spezialität.

demokrat als Bürgermeister gewählt, zuletzt 2011. Menschen mit Charisma sind eine Lübecker Spezialität. Drei Nobelpreisträger – Thomas Mann, Günter Grass und Willy Brandt – hat die Minimetropole hervorgebracht, und viele eigenwillige Geister. Dichter wie Emanuel Geibel, Anarchisten wie Erich Mühsam oder Franziska zu Reventlow, geboren als „höhere Tochter", gestorben als Skandalgräfin. Auf dem Burgklosterfriedhof fand eine Mutter eine letzte Ruhestätte, die Lübeck immer wieder in die Schlagzeilen der Presse brachte: Marianne Bachmeier. Im Saal des Lübecker Landgerichts hatte sie 1981 den mutmaßlichen Mörder ihrer Tochter Anna erschossen. Ihre Selbstjustiz machte ihre Kneipe über Nacht weltberühmt: Das Tipasa wurde Kult, sein Ofenbrot ein Klassiker. 1996 starb „die Bachmeier" an Krebs. Das Tipasa hat sein besonderes

Wer sein Rad liebt, der schiebt – erst recht, wenn er sich wie hier in der Breiten Straße vor dem Lübecker Rathaus in einer Fußgängerzone bewegt.

Lübecks Marienkirche – eine Basilika mit hohem Mittelschiff und zwei niedrigeren Seitenschiffen in West-Ost-Richtung – gilt als die Mutterkirche der norddeutschen Backsteingotik.

Fischerroutine mit frischem Fang:
im Hafen von Travemünde

Altstadtidyll mit Hund, Herrchen und St.-Lorenz-Kirche
in Travemünde

Blick vom Riesenrad während der Travemünder Woche – einer der größten Regattaserien
der Welt – auf den an der Mündung der Trave in die Lübecker Bucht gelegenen Hafen

Sommer, Sonne, Sand und Spaß: auf der Seebrücke
in Travemünde

Handel & Wandel

Die „Königin der Hanse"

Die Gründung der Stadt Lübeck als erste deutsche Ostseestadt im Jahr 1143 war entscheidend für die Entwicklung der Hanse als Organisation niederdeutscher Fernkaufleute.
Nur ohne Zwischenhändler blüht der Handel: Davon waren die seefahrenden Kaufleute überzeugt und schufen im 12. Jahrhundert einen Städtebund, der sich zur stärksten Wirtschaftsmacht Europas entwickelte. In ihrer Blütezeit gehörten dazu Kaufleute in 70 großen und 100 bis 130 kleineren Städten: eine geschlossene Gruppe, ein Machtfaktor, der zwischen London und Lissabon, Niederrhein und Nowgorod die Regeln der Wirtschaft diktierte, günstige Handelsverträge erzwang und sogar einer eigenen Gerichtsbarkeit unterlag. Vier große Kontore und 44 kleinere Niederlassungen bildeten das Rückgrat des Hansehandels in einem Gebiet, das heute sieben europäische Staaten umfasst: von der niederländischen Zui-

Blick von St. Petri auf Lübecks Altstadt

dersee im Westen bis zum baltischen Estland im Osten und vom schwedischen Visby im Norden bis zur Linie Köln-Erfurt-Breslau-Krakau im Süden. Erst mit der Entdeckung Amerikas 1492 schwand der Einfluss der Hanse. Nun verlagerte sich der internationale Handel von der Ostsee in den Atlantik, Hamburg lief Lübeck den Rang ab. 1356 hatte der erste Hansetag in Lübeck stattgefunden, 1669 versammelte man sich hier zum letzten Mal.

Flair verloren. Die Szene ist weitergezogen, statt großer Worte wird Musik gemacht. Im Irish Club Mac Thomas zupft man abends auf der Klampfe und röhrt ins Mikro, im Funmbules wird zu Rock und Root Reggae geschwoft, auf dem Cargo Schiff im Klughafen zu House bis in den Morgen getanzt. Der Nachwuchs trifft sich beim Poetry Slam: bis die Wolken wieder lila werden. Frech, frivol, punkig, aber auch leise und nachdenklich präsentieren Jugendliche im Kinderkulturhaus erste Gedichte. Applaus!

Kaiserliches Travemünde

Gegenüber der MUK, wie die Lübecker ihre Musik- und Kongresshalle nur nennen, schippern in der Saison Barkassen auf der Trave 20 Kilometer hinab zum Seebad Travemünde, das seit fast 700 Jahren zu Lübeck gehört. Wo Kaiser Wilhelm 1882 den Seglern bei der ersten „Travemünder Woche" zusah und 1902 selbst urlaubte, geht es bis heute hanseatisch gediegen zu. Im Winter führen die Hamburger, die das ganze Jahr über heuschreckenartig am Wochenende einfallen, im Pelz oder in dicker Daune ihre Retriever und Dobermänner an der Vorderreihe Gassi, im Sommer nippen sie, nautisch gestylt, am Apérol Spritz, Hugo oder anderem angesagten Sommerdrink. Travemünde ist für sie die Ostsee-Alter-

Was macht der Mops am Strand (bei Scharbeutz an der Lübecker Bucht)?
Er freut sich über sein Hundeleben! Darunter: „bitte lächeln!" (ebenfalls
am Strand von Scharbeutz) und Beachvolleyballer (Timmendorfer Strand)

Wasser und Sand, Land und Leute: alles im (Über-)Blick
am Timmendorfer Strand

„Wenn ich die See seh, brauch ich kein Meer mehr": Segeltörn während der Travemünder Woche

Freizeitvergnügen im Hansa Park
Sierksdorf (oben und rechts):
„Deutschlands einziger Erlebnispark
am Meer" (so die Eigenwerbung) bietet
125 Attraktionen (darunter 35 Fahr-
geschäfte) in elf Themenwelten für
große und kleine Abenteurer.

Strandleben in Scharbeutz: Am Horizont blitzt türkis die Lübecker Bucht, im Vordergrund schlürfen coole Jungs (und Mädels) kühle Cocktails in der „Lounge", wie sie die Strandbar hier nennen.

Sanfter Tourismus brummt. Wellness und Nordic Walking sind bei den Gästen beliebt – Tendenz steigend.

native zu Sylt. In Timmendorfer Strand lästern sie gern, protzen die Neureichen. In Travemünde regiert der Stil. Und die Natur: Am Ende der Promenade und der schmucken Strandvillen weicht der Sandstrand einer Urwelt aus Geschiebe und Geröll, schwingt sich die Küste vier Kilometer lang steil zum 20 Meter hohen Brodtener Ufer hoch. Oben leuchtet der Raps hellgelb, wiegt sich der Weizen im Wind. Unten verstecken sich zwischen riesigen Findlingen Hühnergötter am Strand – Feuersteine, in die Wind und Wellen ein Loch gewaschen haben. Norddeutsche tragen die Glücksbringer stylish am Lederband um den Hals; größere Exemplare werden vor der Hauswand als Kette aufgehängt, die im Winter mit Schnee fast magisch wirkt.

Voller Magie ist auch der Wald, der hinter Timmendorfer Strand bis Scharbeutz die Küste säumt: ein Staatsforst voller Eichen und Buchen, lichtdurchflutet. Im Schwarzwildgehege von Kellenhusen ziehen Keiler und Bache ihre Frischlinge auf, einige Kilometer weiter kraxeln Jung und Alt im Hochseilgarten durch die Baumwipfel. Urlaubstrubel an der Küste, ländliche Idylle im Hinterland: Das lockt Urlauber. Sanfter Tourismus brummt. Wellness und Nordic Walking sind bei den Gästen überaus beliebt – Tendenz steigend.

Dorsch auf Schlemmerkurs

Stärkung danach bringt der herzhafte Biss ins Fischbrötchen. Matjes, Aal, Krabben oder Bismarckhering, mit Salatblatt und Remoulade ins Rundstück gelegt, fehlen auf keiner Karte, bei keinem Imbiss. Schon gar nicht am 12. Mai – dann feiert die Ostseeküste den Weltfischbrötchentag mit Schauräuchern, Frischfisch vom Kutter, Livemusik und Lütter Lage, dem Bier-Korn-Duo des Nordens. Raffinierter waren „Die fesche Äsche", der „Ostseekuss", das „Muschelgetuschel", der „Piratenschmaus Störtebecker" und das „Holsteiner Schwentine-Päckchen", mit denen 19 Küchenchefs von der Ostseeküste und aus dem Nachbarland Dänemark beim „ostseegericht*" um den Sieg kämpften. Dieser traditionsreiche Kochwettbewerb, den der Ostsee-Holstein-Tourismus e.V. zusammen mit dem Hotel- und Gaststättenverband DEHOGA Kreisverband Ostholstein seit 1982 ausrichtet, gilt als kulinarischer Saisonauftakt an Schleswig-Holsteins Ostseeküste. Für die Köche gibt es eine Medaille, für Urlauber jedes Jahr ein regionaltypisches Gericht, das zwischen Glücksburg und Travemünde zum Einheitspreis serviert wird. Die Kampagne kommt an: 75 000 Gäste bestellen jährlich das Gericht, das man auch nachkochen kann (www.ostseegericht.de).

BERNSTEIN

Das Gold des Nordens

*Wo heute Ostseewellen rauschen, standen einst subtropische
Wälder. Vor 40 bis 50 Millionen Jahren sind sie im Meer versunken.
Übrig blieb von ihnen nur ihr erhärtetes Harz: Bernstein.*

Seit Urzeiten fasziniert der gold-
gelbe bis tiefbraune „Stein" die
Menschen. Schon in der Steinzeit wurden aus dem fossilen Harz
Tieramulette, Ketten und Anhänger
gefertigt, während Schamanen den
Stein bei Opferzeremonien verbrann-
ten. Bei den antiken Griechen gehörte
Bernstein als „Träne der Götter" zu
den wertvollsten Edelsteinen, und geradezu verschwenderisch verwende-
ten die Römer Bernstein – alles, was
von Wert war, wurde damit verziert.
Transportiert wurde der wertvolle
Stein über mehrere Bernsteinrouten,
die von der Ostsee ans Mittelmeer
und Schwarze Meer führten.

Eine der faszinierendsten Legenden um das Gold der Ostsee rankt
sich um das Bernsteinzimmer, das
Preußens König Friedrich I. im
18. Jahrhundert für sein Charlotten-
burger Schloss fertigen ließ. Nach
dessen Tod verschenkte sein Sohn
das Zimmer an den russischen Zaren
Peter I. Später wurde es in den Katha-
rinenpalast bei St. Petersburg ein-
gebaut, wo es im Zweiten Weltkrieg
von den Deutschen geraubt wurde
und auf bis heute ungeklärte Weise
verschwand.

Im Mittelalter empfahl Hildegard
von Bingen Bernstein als Mittel gegen Magenbeschwerden, 1669 war
William Salomon davon überzeugt,
dass Bernsteinpulver, in Weißwein
aufgelöst, bei Epilepsie helfe. 1886
wollte der Mikrobiologe und Medi-
ziner Robert Koch herausgefunden
haben, dass die Säure des Natur-
bernsteins eine das Immunsystem
stärkende Wirkung auf den Organis-
mus habe, und empfahl, Bernstein
direkt auf der Haut zu tragen. Wis-
senschaftliche Beweise für eine hei-
lende Wirkung von Bernstein gibt es
jedoch bis heute nicht.

Bernstein – oder nicht?

Zwischen Tang, Treibholz, Muschel-
schalen und anderem Schwemmgut
versteckt sich der Bernstein im Spülsaum am Strand. Doch wie erkennt
man, ob es sich bei den Fundstü-

Ist es wirklich ein Bernstein oder
doch nur ein gelber Feuerstein
oder ein Stück Braunglas?

Geschliffen und poliert wird der Bernstein entweder von Hand oder wie hier in einer Schleiftrommel (oben).

Der milchig-gelb bis tiefbraun, zuweilen sogar bläulich oder grünlich schimmernde Bernstein wird schon seit Langem zu Schmuck verarbeitet (links).

cken wirklich um Bernstein handelt? Klopfen Sie Ihren honiggelben bis bräunlichen Fund doch einfach mal gegen Ihren Zahn. Klingt es weich? Dann ist es tatsächlich ein Bernstein und kein gelber Feuerstein, mit dem er sehr leicht verwechselt wird. Oder legen Sie Ihr Sammlerstück in Salzwasser: Bernstein schwimmt oben, Steine sinken. Als wertvollste der weltweit rund 80 Bernsteinarten gilt die milchig gelbe, da sie am ursprünglichsten ist. In klaren Bernsteinen lassen sich mitunter kleine Inklusionen entdecken – Insekten, die darin eingeschlossen sind und jeden Bernstein zu einem einzigartigen Unikat machen.

Bernstein erleben

· ·

Bernsteinspaziergänge in Neustadt/ Ostsee (Info: Touristinfo)

Bernstein schleifen: unter anderem möglich im Naturpark Schlei

Bernstein bewundern: Bernsteinstube, Rothensande 2, Waarbs, Tel. 04352 15 97, Do. geschl.

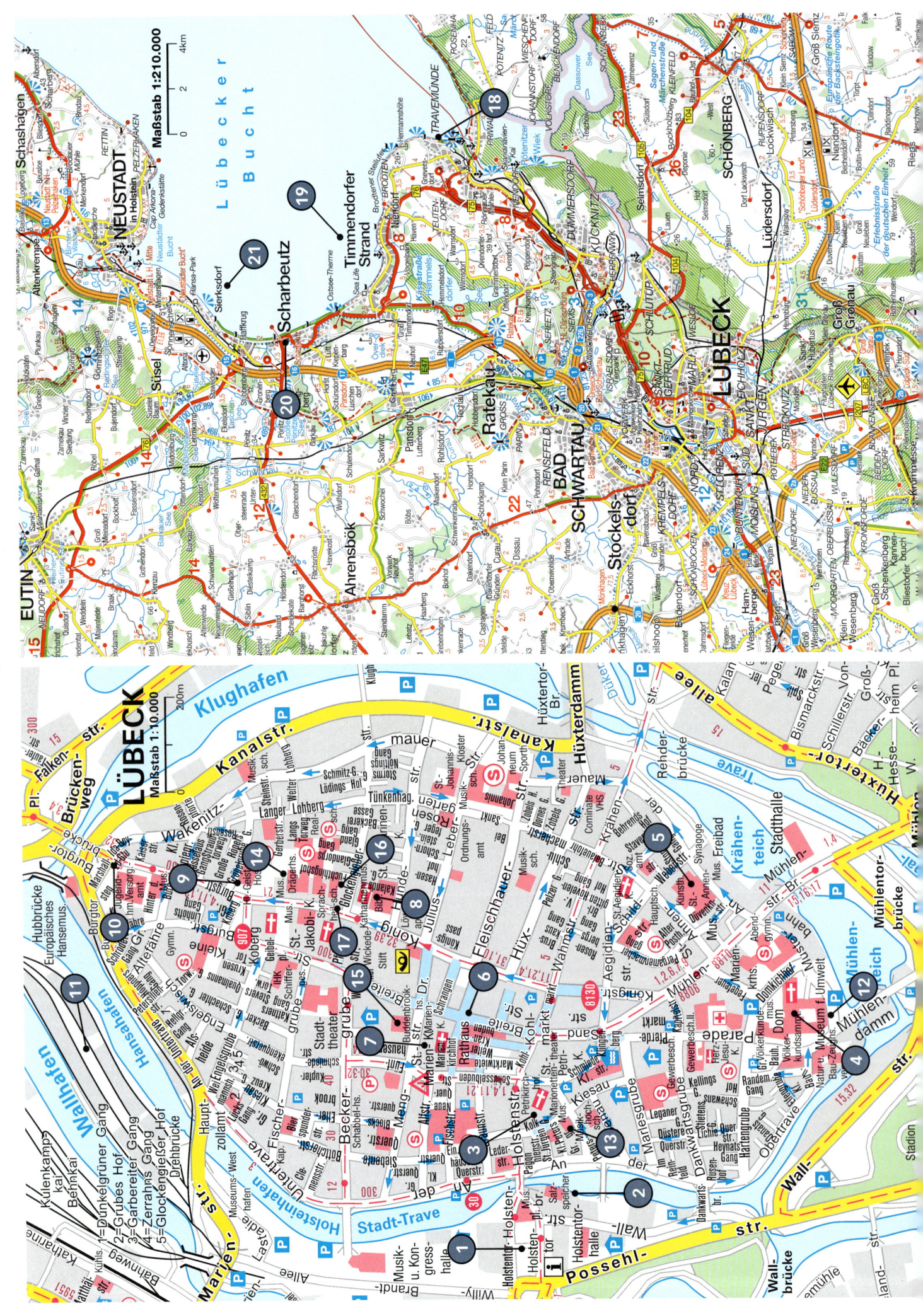

UNESCO-Welterbestätte mit buntem Strandleben

Stadt trifft aufs Meer: In der weiten Lübecker Bucht ist für Abwechslung und Entertainment am Strand jederzeit gesorgt – aber auch Ruhesuchende und Naturliebhaber finden an einsamen Küsten das jeweils Begehrte.

1 – 17 Lübeck

TOPZIEL Sieben Türme, 3000 Bürgerhäuser, malerische Gruben und idyllische Höfe: Lübecks Altstadt auf der Traveinsel zählt zum UNESCO-Welterbe. Das von slawischen Wenden um das Jahr 1000 an der Mündung der Schwartau in die Trave errichtete „Lubice" stieg 1300 zur Hauptstadt der Hanse auf. 1669 trat in Lübeck (214 420 Einw.) letztmals der Städtebund der Kaufleute zusammen.

SEHENSWERT

In Lübecks kompakte Altstadt geht's vom Bahnhof oder den Großparkplätzen am Traveufer am **1 Holstentor**. Das spätgotische Bollwerk aus dem 15. Jh. hat 3,5 m dicke Mauern. Neben dem Stadttor erheben sich sechs **2 Salzspeicher** (1579–1745) aus Backstein an der Obertrave, heute Sitz eines Modehauses. Ein 110 m langer Weg führt zur gotischen Hallenkirche **3 St. Petri** (1170), in deren Turm ein Lift zur Aussichtskanzel in 50 m Höhe saust (April–Sept. 9.00–21.00, Okt.–März 10.00–19.00

Lübeck ist malerisch – ob rund um den Marktplatz (oben) oder in St. Marien, wo die astronomische Uhr zu sehen ist (rechts).

Tipp

Zauberhafte Zeitoasen

Wer in die Welt der fast 90 erhaltenen **Lübecker Höfe und Gänge** eintaucht, fühlt sich ins Mittelalter versetzt. Typisch für diese zauberhaften Zeitoasen sind die „Buden" – Einzimmerhäuser, winzig und bunt wie Puppenstuben. Besonders schön: **Füchtingshof** und **Glandorpsgang**.

Uhr, www.st-petri-luebeck.de, Erw. 3 €). Den Grundstein zum **4 Dom** legte Heinrich der Löwe 1173. Die 130 m lange Hallenkirche mit romanischen Fundamenten ist eines der größten Gotteshäuser im Ostseeraum. Das Innere beherrscht seit 1477 das 17 m hohe Triumphkreuz von Bernd Notke, in den Grabkapellen ruhen Fürstbischöfe und Herzöge. Die drei Domorgeln erklingen beim Schleswig-Holstein-Musik-Festival. Durchs Fegefeuer erreichen Sie **5 St. Annen** und die kleinste der Altstadtkirchen, St. Aegidien (1227), im Herzen des Handwerksviertels. Mitten hindurch führt die Hüxstraße – 500 m Shoppingspaß (www.die-huex strasse.de). Ihr Endpunkt ist das Stammhaus von Niederegger mit Shop und Café. Jenseits der Breiten Straße öffnet sich der **6 Marktplatz**, den das 1230–1308 erbaute Rathaus mit Türmen, Schmuckbalkonen und einer Zierwand dominiert (Führungen: Mo.–Fr. 11.00, 12.00, 15.00, Sa. 13.30 Uhr, www.luebeck. de, Erw. 4 €). Die 1250–1350 erbaute **7 Marienkirche** war architektonisches Vorbild für viele Gotteshäuser im Ostseeraum. Ihr 38,5 m hohes gotisches Gewölbe ist das höchste der Welt. Zur reichen Ausstattung gehören der goldene Flügelaltar aus Antwerpen (1518) und das bronzene Taufbecken (1337). Im Südturm erin-

nern herabgestürzte Glocken an den Lübecker Feuersturm (Schlüsselbuden 13. April–3. Okt. tgl. 10.00–18.00, 4.–31. Okt. bis 17.00, Nov. bis März bis 16.00 Uhr, Erw. 3,50 €, Kirchführung Mai–Sept. Mo.–Sa. 12.15, 15.00, Okt., Advent 12.15 Uhr, Spende erbeten, Gewölbe- und Turmführung auf Anfrage, Tel. 0451 773 91, www.st-marien-luebeck.de).
Den Giebel der **8 Katharinenkirche** (1303 bis 1356) zieren drei Skulpturen Ernst Barlachs. Vorbei an St. Jacobi (1334) erreichen Sie das **9 Heiligen-Geist-Hospital**. 1286 im gotischen Stil vollendet, später Altenheim, wird in den Kammern des Langhauses und der Kirchenhalle ein schöner Weihnachtsmarkt abgehalten.
Das schwarz-rote **10 Burgtor** (13. Jh.) sicherte einst den nördlichen Zugang zur Stadt. Heute birgt es ein Jugendzentrum und die Bildweberei von Ruth Löbe (www.ruth-loebe.de). An der Untertrave sind hinter einer über 100 Jahre alten Drehbrücke 20 Nostalgiesegler im **11 Museumshafen** (www.museumshafen-luebeck. org, www.galeasse-fridthjof.de) vertäut.

MUSEEN

Eine spannende Reise durch 600 Jahre Hansegeschichte präsentiert seit 2015 das **Europäische Hansemuseum** im modernen Museumsneubau, im mittelalterlichen Burgkloster sowie einer archäologischen Ausgrabungsstätte (An der Untertrave 1, Tel. 0451 809 09 90, www.hansemuseum.eu, April–Okt. tgl. 10.00 bis 18.00, Nov.–März tgl. 10.00–17.00 Uhr, Erw. 12,50 €, Burgkloster und Hanselabor 7 €). Im **❶ Holstentor** ist die Macht des Handels dokumentiert (Holstentorplatz, Tel. 0451 122 41 29, http://museum-holstentor.de, Erw. 6 €, Jan. bis März Di.–So. 11.00–17.00, April–Dez. tgl. 10.00 bis 18.00 Uhr). Einblicke in die Naturgeschichte sowie in Flora und Fauna der Region gewährt das **⓬ Museum für Natur und Umwelt** (Musterbahn 8, Tel. 0451 122 41 22, http://museum-fuer-natur-und-umwelt.de, Di.–Fr. 9.00 bis 17.00, Sa./So. 10.00–17.00 Uhr, Erw. 6 €). Klein, aber fein ist die Sammlung zur Industriegeschichte der Geschichtswerkstatt **Herrenwyk** (Kokerstr. 1–3, Tel. 0451 30 11 52, http://geschichtswerkstatt-herrenwyk.de, Fr. 14.00 bis 17.00, Sa./So. 10.00–17.00 Uhr, Erw. 3 €). Die Nachlässe von drei Marionettenspielerdynastien präsentiert das **⓭ TheaterFiguren-Museum**: Figuren, Requisiten, Plakate (Kolk 14, Tel. 0451 786 26, http://die-luebecker-museen.de/de/60/museum:12/home.html, Jan. bis März Di.–So. 11.00–17.00, April–Dez. tgl. 10.00 bis 18.00 Uhr, Erw. 6 €). Kunst des 19. Jhs. und der klassischen Moderne in der romantischen Wohnkultur der Goethezeit zeigt das Museum **⓮ Behnhaus/Drägerhaus** (Königstr. 9–11, Tel. 0451 122 41 48, museum-behnhaus-draegerhaus.de, Jan.–März Di.–So. 11.00–17.00, April bis Dez. tgl. 10.00–17.00 Uhr, Erw. 6 €). Zum **❺ Museumsquartier St. Annen** gehören die größte deutsche Sammlung von Schnitzaltären im Augustinerinnenstift sowie die Sammlung von Kunst nach 1945 von Emil Schumacher bis Ruprecht Geiger im Museumsneubau (St.-Annen-Str. 15, Tel. 0451 122 41 37, museumsquartier-st-annen.de, Jan.–März Di.–So. 11.00 bis 17.00, April–Dez. tgl. 10.00–17.00 Uhr, Erw. 12 €). Das Buddenbrookhaus erinnert als **⓯ Heinrich- und Thomas-Mann-Zentrum** an die Schriftsteller-Brüder (Mengstr. 4, Tel. 0451 122 41 90, http://buddenbrookhaus.de, Jan.–März Di.–So. 11.00–17.00, April–Dez. tgl. 10.00–18.00 Uhr, Erw. 7 €). Welch ein Multitalent Günter Grass war, verrät das **⓰ Günter Grass Haus** (Glockengießerstr. 21, Tel. 0451 122 42 43, http://grass-haus.de, Jan.–März Di.–So. 11.00–17.00, April–Dez. tgl. 10.00–17.00 Uhr, Erw. 7 €). Multimedial und interaktiv inszeniert das **⓱ Willy-Brandt-Haus** (Königstr. 21, Tel. 0451 1 22 42 50, www.willy-brandt-haus-luebeck.html, Jan.–März Di.–So. 11.00 bis 17.00, April–Dez. Di.–So. 11.00–18.00, Führungen Sa., So. 15.00 Uhr, Eintritt frei) die wechselvolle Geschichte des 20. Jhs., die den Altbundeskanzler und Friedensnobelpreisträger entscheidend prägten.

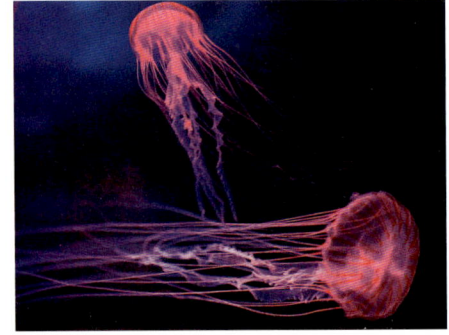

Aquarium Sea Life, Timmendorfer Strand: über 2500 Tiere in 33 Becken und Aquarien

MUSIK & THEATER

Am Ufer der Untertrave vereint die von Meinhard von Gerkhan 1994 geschaffene **Musik- und Kongresshalle** (Willy-Brandt-Allee 10, Tel. 0451 790 44 00, www.muk.de) Philharmonie, Stadthalle und Kongresszentrum. Oper, Musicals, klassisches und experimentelles Theater gibt das **Theater Lübeck** (Beckergrube 16, Tel. 0451 39 69 00, www.theaterluebeck.de).

RESTAURANT & UNTERKUNFT

Im Gildehaus der € € **Schiffergesellschaft** schlemmt man unter historischen Schiffsmodellen Ostseefisch und Plettenpudding (Breite Straße 2, Tel. 0451 767 76, www.schiffergesellschaft.com). 135 Zimmer, Steakküche und Wellness mit Traveblick sind Vorzüge des € € / € € € **Atlantic Hotel Lübeck** (Schmiedestr. 9, 23552 Lübeck, Tel. 0451 38 47 90, www.atlantic-hotels.de/luebeck).

INFORMATION

Lübeck und Travemünde Marketing GmbH, Holstenplatz 1, 23552 Lübeck, Tel. 0451 889 97 00, www.luebeck-tourismus.de

⓲ Travemünde

Travemünde ist nach Heiligendamm das zweitälteste Bad der Ostseeküste; bereits 1802 stieg man dort von Badekarren in die Fluten. 1822 folgte die Eröffnung der Spielbank, 1889 maßen sich die Segler im Beisein von Kaiser Wilhelm II. erstmals bei der Travemünder Woche. Noch heute gibt sich das Seebad mondän.

SEHENSWERT

Am Priwallufer ist die SS Passat vertäut. 1911 für die Flotte der Flying-P-Liner als Getreide- und Salpeterfrachter gebaut, 1951 zum Schulschiff umgebaut, wurde die Viermastbark 1959 von Lübeck vor dem Abwracken gerettet (www.ss-passat.com, Tel. 04502 52 87, April bis Mitte Mai, Okt., tgl. 10.00–16.30, Mitte Mai bis Sept. 10.00–17.00 Uhr, Erw. 4 €). Vom Skandinavienkai aus steuern 13 Fähren täglich Häfen in

Schweden, Finnland und Lettland an. Ans alte Travemünde erinnert die **Lübsche Vogtei** (1551). Sie überragt der kupferne Turmhelm der **St.-Lorenz-Kirche** (1557), deren Barockaltar im Jahr 1723 der Lübecker Meister Hieronymus Jakob Hassenberg schnitzte. Die Orgel erklingt bei Abendmusik zu Kerzenschein (Vogteistr. 22, www.kirche-travemuende.de, Nov.–März tgl. 9.00–12.00, April–Okt. tgl. 9.00–12.00, Di.–Fr. 13.00–16.00 Uhr, Eintritt frei, Konzerte tlw. kostenpflichtig). Holländer errichteten 1539 den **Alten Leuchtturm** – das Seezeichen ist das älteste Deutschlands. 142 Stufen führen hinauf zur Aussichtsplattform (Am Leuchtenfeld 1, Tel. 04502 88 91 80, www.leuchtturm-travemuende.de, April–Okt. tgl. 13.00–16.00, im Juli ab 11.00, Nov.–März nur So. 13.00–16.00 Uhr, Erw. 2 €). 1972 wurde seine Aufgabe von einem Leuchtfeuer übernommen, das man auf dem Maritimhochhaus installierte, mit 119 m das höchste der Welt. Die 1898/1899 angelegte Promenade präsentiert sich als 1,7 km lange Flaniermeile mit Granitpflaster, Spielgeräten und barrierefreiem Strandzugang. Liegestühle, Bänke und „Ostseelounge" laden ein zum Verweilen. Die Seeterrassen wandeln sich beim Beach-Handball-Cup (www.travemunende-beach-cup.de) zum Stadion für 600 Zuschauer.

RESTAURANT & UNTERKUNFT

Luxuriösestes Haus am Platze ist das Resort € € € / € € € € **A-ROSA Travemünde** mit 185 Zimmern im historischen Kurhaus und Neubau, Michelin-Restaurant und 4500 m² großem Mega-Spa (Außenallee 10, 23570 Lübeck, Tel. 04502 307 06 32, resort.a-rosa.de/travemuende/willkommen). Als Geheimtipp gilt das € € **Landhaus Bode** an der Promenade (Fehlingstr. 6, 23570 Lübeck, Tel. 04502 88 66 00, http://landhaus-bode.de) mit gediegenen Zimmern und klassisch-edlem Restaurant.

UMGEBUNG

Über der wild zerklüfteten Steilküste **Brodtener Ufer** TOPZIEL thront das Erlebniscafé Hermannshöhe (www.die-hermannshoehe.de).

INFORMATION

Welcome Center im Strandbahnhof, Bertingstr. 21, 23570 Travemünde, Tel. 0451 889 97 00, www.travemuende-tourismus.de

Sieben Türme, 3000 Bürgerhäuser, malerische Gruben und idyllische Höfe: Lübecks Altstadt zählt zum UNESCO-Welterbe.

⑲ Timmendorfer Strand

Uwe Seeler, Otto Waalkes, Wladimir Klitschko: In Timmendorfer Strand (8800 Einw.), seit 1951 Ostseeheilbad, ist die Promi-Dichte hoch.

SEHENSWERT
Treffpunkt der In-People ist das „Café Wichtig", wie das **Engel's Eck** am Timmendorfer Platz 3 genannt wird. Franz Beckenbauer spielt gern auf dem Green des Hotels Seeschlösschen. 1,5 km nördlich ragt seit 1908 die Maritim-Seebrücke ins Meer. Eine Aufzuchtstation für Seepferdchen und der Haifisch-Tunnel sind Highlights des SEA-LIFE (Kurpromenade 5, Tel. 01805 66 69 01 01, www.sealife.de, tgl. ab 10.00 Uhr, Erw. 15,95 €).

UNTERKUNFT
Die Freiräume einer Ferienwohnung mit den Vorzügen eines Hotels verbindet die **€ € Villa an der See** (Strandallee 128, 23669 Timmendorfer Strand, Tel. 04503 70 30 94, www.villa -an-der-see-timmendorfer-strand.de).

UMGEBUNG
⑳ **Scharbeutz** hat sich mit Haffkrug zur Bädergemeinschaft zusammengeschlossen und eignet sich gut als Urlaubsort für Familien.

INFORMATION
Timmendorfer Strand Niendorf Tourismus GmbH, Timmendorfer Platz 10, 23669 Timmendorfer Strand, Tel. 04503 357 70, www.timmendorfer-strand.de

㉑ Sierksdorf

Deutschlands einziger Freizeitpark am Meer hievte Sierksdorf auf die touristische Landkarte. Die Ruhe und Familienfreundlichkeit des Seebads begeisterte bereits den expressionistischen Maler Karl Schmidt-Rottluff, der Sierksdorf 1951–1973 als Sommerfrische wählte.

SEHENSWERT
Der Industriedesigner Bernhard Stellmacher hat in seinem **Bananenmuseum** Bücher, Bilder und sogar Bananenbier zusammengetragen (Prof.-Haas-Str. 59, Tel. 04563 83 35, www.bananenmuseum.de, Sa./So. 11.00–13.00 Uhr, Eintritt frei). Mit 125 Fahrgeschäften in elf Themenwelten begeistert der **Hansa-Park** (www.hanse-in-europa.de) mit Holstentor, Dogenpalast und Bauten aus Nowgorod, Krakau und Lüneburg (Am Fahrenkrog 1, Tel. 04563 47 40, www.hansapark.de, 28. März–20. Okt. tgl. 9.00 bis 18.00, Saison bis 21.00 Uhr, Erw. 37 €).

UNTERKUNFT
Im **€ € / € € € Seehof Sierksdorf** direkt an der Ostsee logiert man stilvoll in einer Strandvilla von 1895 (Gartenweg 30, 23730 Sierksdorf, Tel. 04563 477 70, www.seehof-sierksdorf.de).

INFORMATION
Tourismus Agentur Lübecker Bucht TI Sierksdorf, Vogelsang 1, 23730 Sierksdorf, Tel. 04563 70 23, www.luebecker-bucht-ostsee.de

Genießen   Erleben   Erfahren

DuMont Aktiv

Im Laufschritt am Strand

Zwischen Travemünde und Glücksburg sorgt das größte regionale Lauf- und Walking-Streckennetz Europas mit 800 Kilometern Länge und 107 Routen für Schweißperlen auf der Stirn und Abwechslung unterwegs – die „ostsee*laufküste".

Gewalkt wird allein, zu zweit oder gemeinsam in der Gruppe. Viele (miss)verstehen Nordic Walking als flottes Laufen mit Stöcken, doch richtig walken ist eine Technik, die gelernt sein will. Damit es besser klappt, bieten die 35 Orte entlang der „ostsee*laufküste" Schleswig Holsteins Schnupperstunden und Kurse für Einsteiger und Fortgeschrittene an. Eine passende Route lässt sich mit dem Laufroutenfinder aussuchen, der neben Länge, Dauer und Schwierigkeitsgrad auch Angaben zur Bodenbeschaffenheit enthält.

Einsteiger folgen den blau markierten leichten Strecken, mittelschwere Routen von mehr als fünf Kilometern Länge sind rot, anspruchsvolle Touren mit mindestens zehn Kilometern Länge schwarz in der Übersichtskarte eingezeichnet. Die längste Runde misst 16,3 Kilometer, die kürzeste lediglich zwei. Nach einigen Tagen zeigt das sehr effektive und gelenkschonende Training erste Wirkung: 576 der 640 Muskeln des Körpers melden sich, ziepen und zeigen wenig Lust, auch am nächsten Morgen wieder die Stöcke dynamisch zu schwingen. Wie gut, dass es in Dahme ein StrandSpa gibt – mit Meersalzgrotte und angenehm wirksamen Massagen!

Weitere Informationen

Infos samt Laufroutenfinder: www.ostsee -schleswig-holstein.de/de/laufen-walken **Nordic-Walking-Schnupperkurse** gibt es ab Malente (Mi., 9.00, Fr. 17.00, Sa. 9.00 Uhr, 90 Min., Erw. 8 € inkl. Stockverleih); Startpunkt und Anmeldung beim Tourismus-Service Malente (Bahnhofstr. 3, 23714 Bad Malente, Tel. 04523 9 89 90, www.bad-malente.de)

Mit dem Stock über Stein: Hat man die Grundtechnik erst einmal gelernt, ist Nordic Walking ein effektives Training – und macht hier besonders viel Spaß.

Ostseebäder auf der Sonnenseite

Gelber Raps, grüne Wiesen, blaues Meer, garniert mit Backsteinstädten und quirligen Häfen: Zwischen Neustadt und Weissenhaus ist die Ostseeküste ein filmreifes Ferienland für Familien und Trendsetter, die erst in den letzten Jahren den Charme dieser Bilderbuchidylle entdeckten. Seitdem weht ein Hauch von Luxus und Lifestyle durch die Badeorte.

In Burgtiefe am Südstrand von Fehmarn: beste Haltungsnoten für den Sprung ins erfrischende Nass

Bekannt durch die TV-Serie „Das Erbe der Guldenburgs": Gut Hasselburg in der Gemeinde Altenkrempe bei Neustadt in Holstein in der Neustädter Bucht

Traditionssegler in Neustadt in Holstein: Seit mehr als 750 Jahren lebt man hier von und mit dem Hafen.

Klüvers Brauhaus am Hafen in Neustadt in Holstein: Frisch aus der Pfanne schmeckt der Backfisch besonders gut.

In weiter Ferne, so nah: Grömitz
mit Blick über Dünen und Strand zum Meer

Als Trendrevier für neue Funsportarten hat sich das OstSeeFerienland (OFL) mit den drei Seebädern Grömitz, Damp und Kellenhusen einen Namen gemacht. Wer an Land bleiben möchte, kann auf zweirädrigen Waveboards über den Asphalt streetsurfen oder sich zweirädrige Riesen-Skates unter die Schuhe schnallen und skiken. Für flotte Fahrt sorgen Stöcke, mit denen man sich abstößt und die 50 Kilometer lange Skike-Strecke bewältigt. Große Sprünge sind an Land mit Power-Risern möglich – gefederten Hightech-Springschuhen, die den Geher meterhoch und sehr weit katapultieren. Könner kommen dabei auf extrem hohe Geschwindigkeiten, Anfänger kämpfen mit der Balance...

Absolut angesagt als Sommersport sind im „OFL" auch die schnelle Federballvariante Speedminton sowie Cross Golf, Zumba und Flashcups, der blitzschnelle Pyramidenbau aus Bechern. Für das hippe Frisbeespiel „Discgolf" besitzt Kellenhusen die größte Anlage Deutschlands. Auf dem Wasser sorgt SUP, Stand-Up-Paddling, für mehr Kondition und Spaß beim Paddeln. Wie Wellen beim Paddeln im Stehen gemeistert werden, verraten Kurse bei der Kellenhuser „Ostseeanimation" oder der Surfschule Grömitz. Und während anderenorts noch Kiten als trendy gilt, ist im OFL längst eine südkoreanische Funsportart angesagt, die Elemente des Inlineskatens, Waveboardens und Wellenreitens verbindet: Xlider.

Fast nur aus Freizeiteinrichtungen besteht auch Weissenhäuser Strand. Errichtet wurde der Ferienpark als Konjunkturprogramm für eine Region, die in den ersten zwei Jahrzehnten nach dem Ende des Zweiten Weltkriegs unter den Folgen eines massiven Strukturwandels in der Landwirtschaft litt.

Einzigartige Themenwelten

Wo früher Hunderte Menschen auf den mehr als 1000 Hektar großen Gutsbetrieben die Getreidefelder bestellt hat-

Dahme: Familienausflug ins idyllische „Wagrien", wie der nordöstliche Teil Holsteins auch genannt wird

Seebrücke in Kellenhusen

Dahme: Führung
auf dem Leuchtturm Dahmeshöved

Sonne tanken an der Strandbar in Kellenhusen

ten, wurde nun nur noch eine Handvoll Arbeiter benötigt. Arbeitslosigkeit und Abwanderung lähmten die Region. Den Aufschwung brachte erst ein Förderprogramm zur Entwicklung von Gebieten an der Grenze zur damaligen DDR: Anleger aus den westlichen Bundesländern investierten hier vor allem aus steuerlichen Gründen ihr Erspartes und ermöglichten damit den Bau des Ferienparks. Von der gräflichen Familie Platen-Hallermund, der auch das Gut Weissenhaus gehörte, erwarb die neu gegründete Ferienpark-Gesellschaft 1969 für sieben D-Mark pro Quadratmeter Grund und Boden – zunächst 220 000 Quadratmeter „saure Wiese", die lediglich als Schafweide nutzbar war. Von 1970 bis 1973 errichteten dort 1100 Bauarbeiter für rund 110 Millionen D-Mark Bungalows und Apartmenthäuser, ein Strandhotel mit Kurmittelhaus, Geschäfte, Freizeit- und Gastronomiekomplexe, alles maximal drei Stockwerke hoch. Saison war nur von Ostern bis Oktober – bis 1993 blieb Weissenhäuser Strand während der Wintermonate geschlossen.

Seit der Inbetriebnahme im Juni 1973 wurde der Freizeitpark kontinuierlich erweitert. Mehr als 50 Millionen Euro flossen seit der Jahrtausendwende in den Ausbau und die Sanierung, 30 Millionen Euro allein in den letzten Jahren. Die

Unterkünfte und öffentlichen Bereiche wie die überdachte Einkaufspassage und die Gastromeile wurden mittlerweile modernisiert und neu gestaltet, neue Themen- und Erlebnisangebote geschaffen – beispielsweise das Dschungelland, eine 6000 Quadratmeter große „Wildnis" zur Magic und Schönheit des Dschungels. Schildkröten, Schlangen und Skorpione, Pythons und Piranhas leben in naturnahen, zum Teil offenen Terrarien, die in eine riesige Felshöhle eingelassen wurden. In der sieben Meter hohen, begehbaren Voliere flattern australische Nymphensittiche herum; in einem Minifluss huschen Zwergotter umher. Grabkammer und Labyrinth des „Verbotenen Tempels" finden jüngere Kinder oft zu unheimlich, sie lockt das interaktive Piratenkino: rauf aufs Plastikross, die virtuelle Pistole gezogen und auf die

Leinwand geballert… Zum Gesamtkonzept gehört neben Spiel und Sport im Dschungellook auch die passende Gastronomie: das Dschungelrestaurant – das einzige seiner Art in Deutschland und eines von dreien in Europa. Nashörner und Giraffen schauen auf die Teller mit Steak oder Salat, Affen schaukeln über den Köpfen. Dann beginnt eine tierische Dschungelband zu spielen, zieht tosend ein Dschungelgewitter auf, und die Augen der Großen leuchten genauso wie die der Kinder.

Festivals wie die „Schlagerwelle" oder das Metal Hammer Paradise mit 20 Metal-Bands auf drei Bühnen, Latin Dance Camps oder eine Kinderfußballschule

Den Aufschwung brachte ein Förderprogramm zur Entwicklung von Gebieten an der Grenze zur damaligen DDR.

mit Manni Kaltz sorgen dafür, dass das ganze Jahr hindurch die Betten gut belegt sind. Und dank einer Vielfalt von sehr günstigen Specials können Fami-

Welcome! – Beim Triathlon in Heiligenhafen

Am Ostseestrand in
Hohwacht …

… machen auch Möwen
gern mal Rast.

Das Oldenburger Wallmuseum macht die Geschichte der Slawen in Ostholstein anschaulich.

Wunder der Unterwasserwelt

Special

Schweinswale und Grasnadeln

Eintauchen in die Unterwasserwelt der Ostsee, aber ohne nass zu werden: Am Kopf der Grömitzer Seebrücke befindet sich eine Tauchgondel, mit der bis zu 30 Gäste auf Tauchfahrt gehen können. Zwischen 30 und 40 Minuten dauert eine Tour, und neben Dorsch, Lachs, Makrele und Scholle birgt das auffallend klare Wasser auch manche Überraschung. Was für eine (Unterwasser-)Welt! Zartrosa, rot und lila leuchtende Krustentiere bedecken den Meeresboden – Muscheln, die ihre Schale halb geöffnet haben und aus den Fluten die Nährstoffe herausfiltern. Zwischen den Stängeln der Seegrasbetten zucken lange, dünne grüne Fische umher, die keinen besseren Namen haben könnten: Grasnadeln. Nur knapp einen Finger groß sind die Sandgrundeln, jede hat ihr eigenes Revier, aus dem eindringende Artgenossen vertrieben werden. Droht von außerhalb Gefahr, entwickeln die In-

Grömitz: Seebrücke mit Tauchgondel

dividualisten Gemein(schafts)sinn: Die Grundeln bilden blitzschnell einen Schwarm, so groß und kompakt, dass er aus der Ferne wie ein einziger großer Fisch wirkt.

Mit etwas Glück entdeckt man in den flachen Küstengewässern der Ostsee auch den kleinsten Wal der Welt: den Schweinswal, etwa anderthalb Meter lang und 60 Kilo schwer. Etwa 18 500 dieser Säuger leben vor der Ostseeküste Schleswig-Holsteins.

lien oder Freunde ganz spontan ein Wochenende am Weissenhäuser Strand verbringen.

Feriendorf de luxe

Wenige Kilometer weiter liegt eine völlig andere Welt, luxuriös und abgeschieden. Jan Henric Buettner, der den Internet-Dienstleister AOL Deutschland aufgebaut hatte und nach langem Gerichtsstreit von seinem Expartner Bertelsmann 160 Millionen Euro erhielt, investierte das Geld in ein Herzensprojekt: das Grand Village in Weissenhaus. Wo schon seine Eltern ein Ferienhaus hatten, kaufte der damals 49-Jährige ein Schloss samt 30 historischen Gebäuden, 75 Hektar Land und drei Kilometern Strand. Im Sommer 2014 eröffnete das Luxus-Feriendorf „Schloss Weißendorf" mit 17 Zimmern und 70-Meter-Tunnel zum Spa-Haus sowie zum kalifornisch inspirierten „Bootshaus" am Privatstrand – und einem Erdbeer-Café, wo Buettner als Kind einst auf Plastikstühlen Obstkuchen genossen hatte. Nun kann er dort wieder sitzen – nur gemütlicher.

Heiligenhafen: Ganz nah am Wasser gebaut

Einen umfassenden Strukturwandel erlebt seit einigen Jahren Heiligenhafen. Alle Promenaden wurden erneuert, ein

Fehmarner Kaleidoskop (im Uhrzeigersinn von ganz oben links): am Kommunal- und Jachthafen Burgstaaken, Badefreuden am Südstrand bei Burgtiefe, die heute als Museum eingerichtete Segelwindmühle „Jachen Flünk" (plattdeutsch: „jagender/eilender Flügel") in Lemkenhafen und St. Nikolai, eine dreischiffige Hallenkirche in Burg auf Fehmarn – so heißt der zentrale Teil der Stadt Fehmarn auf der gleichnamigen Insel.

Passend zum Kopfsteinpflaster: ein
Morgan vor der Nikolaikirche

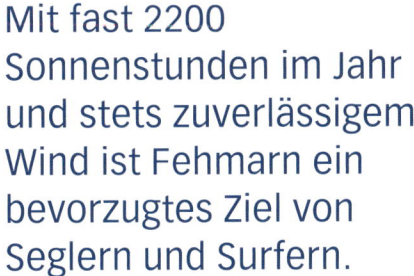

Schäferidyll auf dem Deich:
bei Westermarkelsdorf (Fehmarn)

**Mit fast 2200
Sonnenstunden im Jahr
und stets zuverlässigem
Wind ist Fehmarn ein
bevorzugtes Ziel von
Seglern und Surfern.**

Aktiv-Hus lockt mit Sport, Spaß und Wellness, 2012 wurde die neue, 435 Meter lange Seebrücke eingeweiht – die einzige der Ostsee mit zwei Etagen und Zick-Zack-Pier ins Meer. Direkt am Seebrückenvorplatz sind zwei stattliche Hotelkomplexe geplant, die ganz unterschiedliche Zielgruppen ansprechen sollen: ein Viersternehaus mit 140 Betten und großem Wellnessbereich für gesundheitsbewusste Gäste sowie ein Lifestylehotel mit 110 Zimmern für junge Leute. Kernprojekt der Zukunft ist das Marina Resort am neuen Jachthafen für 1000 Boote. Mit Reetdach gedeckt, sollen 69 Ferienhäuser in künstlichen Dünen als Hafendorf mitten in der Stadt errichtet werden – jedes Haus mit Wasserblick!

Fehmarn: Zukunft im Blick

Dass eine Urlaubslandschaft sich ständig neu erfinden muss, hat man auch auf Fehmarn erkannt, mit fast 2200 Sonnenstunden im Jahr und stets zuverlässigem Wind ein bevorzugtes Ziel von Seglern und Surfern. Aus dem Blau der Küsten und dem Gelb der Rapsfelder im Inselinnern erhebt sich unübersehbar 75 Meter hoch der Turm von Klaustorf. Wo einst Bundeswehrsoldaten den Osten ablauschten, entstand mit der Ostsee-Erlebniswelt eine neue Attraktion, die die

Geschichte des Binnenmeeres von der Urzeit bis zur Gegenwart lebendig inszeniert – mit Bernstein- und Küstenzimmer, Fischereiabteilung und Ostseeaquarium. Am feinsandigen Südstrand der Insel soll, trotz Bürgerprotesten, ein Updalsboom Resort im Ostseebäderstil mit fünf Apartmenthäusern und 200 Hotelzimmern in einem weitläufigen Hotelpark mit Rosengarten und Bouleplatz entstehen – nur einen Steinwurf vom Strand entfernt, als erstes Vier- bis Fünfsternehaus der Insel.

Den Grundstein für eine erfolgreiche touristische Entwicklung Fehmarns legten einst jedoch nicht die natürlichen Vorzüge der Insel, sondern ein Infrastrukturprojekt, das im Jahr 2013 sein 50-jähriges Bestehen feierte: die Vogelfluglinie. Bis zu 800 Arbeiter schufteten Ende der 1950er-Jahre auf der größten Baustelle Norddeutschlands, um Dänemark und Deutschland einander näher zu bringen. Fehmarn war dabei das entscheidende „Gelenk" der Vogelfluglinie. Mit der Fehmarnsundbrücke erhielt die Insel eine feste Landverbindung; zeitgleich wurden die Fährhäfen in Rødbyhavn und Puttgarden fertiggestellt. Doch die Fähren sind vermutlich ein Auslaufmodell: Künftig soll ein 17,6 Kilometer langer Straßentunnel die Häfen am Fehmarnbelt verbinden.

ENERGIEWENDE IM HOHEN NORDEN

Frischer Wind für saubere Energie

Schleswig-Holstein macht kräftig Wind: Schon jetzt decken seine rund 2800 Windanlagen etwa 40 Prozent des hiesigen Nettostromverbrauchs. Weniger auffällig ist das zweite Zugpferd der Energiewende im nördlichsten Bundesland der Republik: Biomasse. Sonnenstrom spielt im Energiemix weniger eine Rolle.

Über die Biogasanlagen werden die natürlichen Ressourcen bestens genutzt.

Als Land zwischen zwei Meeren ist Schleswig-Holstein geradezu prädestiniert für die Nutzung der Winde. 2780 Windräder drehten sich hier bereits Ende 2015 und lieferten allein an Land 5300 Megawatt Leistung. Die Windkraft stellte damit 60 Prozent im Energiemix. Und bis zum Jahr 2020 will das nördlichste Bundesland gar viermal so viel grünen Strom erzeugen, wie es verbraucht.

Fehmarn als Vorreiter

Das Gros der Windräder nutzt den steten Westwind der Nordseeküste. An der Ostsee ragen die Windmühlen der Neuzeit vor allem dort auf, wo auch die Windsurfer ideale Bedingungen vorfinden: auf Fehmarn und an der Nordostspitze Ostholsteins. 312 Räder drehen sich da – und nur sechs in der südlichen Lübecker Bucht.

Fehmarn ist in Sachen nachhaltiger Energiegewinnung ein Vorreiter und erzeugt schon heute viel mehr grüne Energie, als die Insel verbraucht. Windkraft bedeutet Wachstum, sagt die Wirtschaft. Sie lässt die Gewerbesteuer der Gemeinden sprudeln und sichert mittlerweile mehr als 7000 Arbeitsplätze. Durch das „Repowe-

ring", bei dem die alten Windräder aus den frühen 1990er-Jahren durch größere und leistungsfähigere ersetzt wurden, konnte die Zahl der schlanken, bis zu 150 Meter hohen Riesen auf 120 Anlagen gesenkt werden. Ausgebaut wurde auch der Windpark Fehmarn, der 1995 mit seinen 34 Windkraftanlagen als Deutschlands größter Windpark den Eintrag in das *Guinness-Buch der Rekorde* geschafft hatte. Heute drehen sich auf der Insel 150 solcher „Repeller" und weitere 72 im größten Offshore-Windpark der Welt, dem Nysted Havmøllepark 30 Kilometer nordöstlich von Fehmarn in der dänischen Südsee. 2010 gesellten sich die 21 Windräder

des Offshore-Windparks Baltic 1 vor Fischland hinzu. 2015 ging Baltic 2 ans Netz. Seine 80 Anlagen versorgen 340 000 Haushalte mit sauberer Energie. 2016 startete Iberdrola bei Rügen den Bau des dritten Windparks in der Ostsee: Wikinger. Seine 70 Anlagen mit jeweils fünf Megawatt Leistung sollen 2017 in Betrieb gehen.

Ob die Ostsee noch weitere Windparks verträgt, prüft das Bundesamt für Seeschifffahrt und Hydrographie (BSH) in Hamburg. Drei Anlagen wurden bereits genehmigt. Mit 1200 Megawatt sind diese Windräder heute genauso leistungsfähig wie ein Atomkraftwerk – und arbeiten gänzlich ohne Risiko.

Hoch ragen die Windräder
in den schleswig-
holsteinischen Himmel
auf und werden von der
steten Brise angetrieben.

Eine Solaranlage passt auf jedes
Scheunendach – oder auf die grüne
Wiese wie hier bei Geesthacht.

Gefahr für Vögel?

Bei der Zulassungsprüfung untersucht
die Behörde auch die Auswirkungen
einer Anlage auf Meeressäuger und
Vögel. Ob Zugvögel mit den Wind-
energieanlagen zusammenstoßen,
untersuchte Thomas Grünkorn im
Auftrag des Landesamtes für Natur
und Umwelt im Spätsommer auf Fehmarn, einem Hotspot des Vogelzugs.
Sein Ergebnis: Etwa 13 Vögel knallen
jährlich gegen einen Mast oder Rotor
und sterben. Deutlich mehr Vögel wer-

Erneuerbare Energien erleben

. . . .

Deutschlands erster Energie-Erlebnispark verrät spielerisch an 30
Stationen, wie Sonnenstrahlen in Strom verwandelt werden, wie
Reibung thermische Energie erzeugt und was ein Kilowatt wiegt.

artefact Powerpark, Bremsbergallee 35, 24960 Glücksburg,
Tel. 04631 611 60, www.artefact.de
April–Sept. Mo.–Fr. 9.00–18.00, Sa./So. 10.00–18.00,
Okt. tgl. 10.00–18.00 Uhr, Erw. 4 €, bis 16 Jahre 3 €, Familienkarte
10 €; Tipp: die Powerpark-Rallye für Gruppen ab 10 Personen.

den im Straßenverkehr oder von über-
irdischen Stromleitungen getötet. Der
NABU Deutschland hat beobachtet,
dass Rastvögel stärker als Brutvögel
unter dem Ausbau der Windenergie
leiden. Gänse, Schwäne und Watvögel
meiden die Anlagen – und verlieren
dadurch Rastgebiete.

Sauberer Strom durch Biogas ...

Nach der Windkraft ist die Biomasse
zweitwichtigste erneuerbare Energie
an Schleswig-Holsteins Ostseeküste.
Aus Gülle, Knickholz, Mais und Grün-
abfällen erzeugen dort bereits 893
Bauern in den grünen Rundbauten
mit ihren zeltartigen Kuppeln saube-
ren Strom. Hinzu kommen sechs Bio-
masseheizkraftwerke.

Der Boom der Biomasse machte
Mais zur wichtigsten Feldfrucht der
Ostseeregion. Ein Hektar Mais liefert
dort Strom für fünf Haushalte – und
nebenbei fünfmal so viel Sauerstoff
wie ein Buchenwald.

... und die Kraft der Sonne

Nicht ganz so sonnig hat sich die Fo-
tovoltaik entwickelt, obgleich die Vo-
raussetzungen auf den ersten Blick
bestens sind. Mit 1070 Kilowattstun-
den pro Quadratmeter ist die jährliche
Sonneneinstrahlung in Schleswig-Holstein so hoch wie in Deutschlands Süden – und Fehmarn mit fast 2200 Sonnenstunden sogar deutschlandweit
top. Wesentlich für die Ausbeute des
Sonnenlichts ist aber die Ausrichtung
der Anlagen, und die ist wegen der
nördlichen Lage nicht optimal. Zudem
weht in Schleswig-Holstein ein steter
Wind, der die Solarmodule kühlt und
für Wirkungsverluste sorgt. Dennoch
ist Jörg Eßer optimistisch. Der Geschäftsführer des Berliner Finanzin-
vestors MCG hat im Sommer 2012 auf
35 Hektar für 30 Millionen Euro gemeinsam mit dem Solarkraftwerk-Spe-
zialisten Wirsol Schleswig-Holsteins
zweitgrößte Sonnenfarm realisiert:
80 000 Solarmodule auf sieben Teilflä-
chen. Mitten hindurch führt die A 7.
Wer von ihr abfährt, kann in der Nähe
auf dem ehemaligen Nato-Flugplatz
in Eggebeke sogar die landesgrößte
Anlage mit 85 Megawatt Leistung bewundern: 360 000 Solarmodule stehen
dicht gedrängt auf 160 Hektar Fläche.

Ob als Futtermittel
für Nutztiere oder
als Rohstoff für
die Erzeugung von
Bioenergie: Mais ist auf
dem Vormarsch.

Ostseebäder mit Trend und Tradition

Ferienspaß an der Ostsee, familienfreundlich, sportlich und naturverbunden: Von Neustadt bis Fehmarn reihen sich traditionsreiche und moderne Badeorte aneinander wie Perlen eines Colliers, an dem die stattlichen Herrenhöfe im Hinterland mit ländlichem Glamour funkeln.

1 Neustadt in Holstein

Die 1244 gegründete Kleinstadt (15 030 Einw.) lebt von ihrem Hafen. Schleswig-Holsteins größter Binnenhafen ist auch Heimat des ZDF-Traumschiffs „MS Deutschland", und die Ancora-Marina ist mit 1400 Liegeplätzen der größte private Jachthafen an der Ostsee.

SEHENSWERT/MUSEEN

Im Hafen liegen Sportsegler und Traditionsschiffe. An Land dominiert den Kopfsteinkai des Binnenwassers der **Pagodenspeicher**, ein mit Trockenluken und Walmdach um 1830 erbauter Kornspeicher. Herz der Altstadt ist der **Marktplatz**, von dem aus man zum **Kremper Tor** und zur dreischiffigen **Stadtkirche** aus Backstein kommt – den einzigen Bauten aus der Zeit der Stadtgründung. In einem der letzten mittelalterlichen Stadttore Schleswig-Holsteins informiert das Museum **ZeiTTor** über das Leben der Menschen von der Steinzeit bis heute. Über das Museum zu erreichen ist auch die **Cap-Arkona-Ausstellung**, die mit Originalteilen aus dem

Wrack, Kleidung und Essgeschirr an den Tod von 4600 Häftlingen erinnert, deren Rettungsschiff alliierte Bomber versenkten (Vor dem Kremper Tor, www.zeittor-neustadt.de, Ostern–Okt. Di. bis Sa. 10.30–17.00, So. 14.00–17.00, Nov.–Ostern Fr. 15.00–17.00, Sa. 10.00 –12.00 , So. 14.00–16.00 Uhr, Erw. 3,50 €).

ERLEBEN

Im Ortsteil **Pelzerhaken** TOPZIEL vermittelt **Sail & Surf** (www.sailandsurfpelzerhaken.de) Grundkenntnisse des Wind- und Kitesurfens. Mit Yoga, Heilfasten, Shiatsu und Naturkost kann man im **Oase Heilhaus** (www.oase-heil haus.de) im Ortsteil Rettin neue Kraft tanken.

VERANSTALTUNGEN

Trachtenfans lockt das **europäische folklore festival**, das 2014 30-jähriges Bestehen feierte (www.folklore-festival-neustadt.de). Gut Hasselburg, 5 km nördlich, gehört zu den beliebtesten Spielstätten des **Schleswig-Holstein-Musik-Festivals** (www.shmf.de).

RESTAURANT & UNTERKUNFT

Kutterscholle in Bierteig und andere Fischgerichte kommen in € / € € **Klüvers Brauhaus** zum Rauchbier auf den Tisch (Schiffbrücke 2–4, Tel. 04561 71 48 11, www.kluevers-brauhaus.de). An den Südstrand von Pelzerhaken reicht der parkartige Garten des € € € **Romantik-Seehotels Eichenhain** mit 16 DZ, sechs Ferienwohnungen und Wellnessvilla. Küchenchef Lars Krabbenhöft verwöhnt seine Gäste z. B. mit Störcarpaccio (Eichenhain 2, 23730 Neustadt, Tel. 04561 537 30, www.eichenhain.de).

INFORMATION

Tourismus Agentur Lübecker Bucht TI Neustadt, Dünenweg 7, 23730 Neustadt/Ostsee, Tel. 04561 539 91 16, www.neustadt-ostsee.de

2 – 6 Grömitz

Seit dem ersten Badekarren, den Bauer Ludwig Toppke 1813 an den Strand stellte, entwickelte sich 2 **Grömitz** TOPZIEL (6943 Einw.) zum größten Badeort der schleswig-holsteinischen

Blick auf den Hafen von Neustadt mit dem Pagodenspeicher

Ostseeküste. Der familienfreundliche Ort punktet mit dem 8 km langen Südstrand, Promenade, Jachthafen, Wellenbad, Tauchgondel, Golfplatz und Erlebniszentrum am Lensterstrand.

SEHENSWERT

An die traditionelle Bäderarchitektur erinnert die **Strandhalle** an der Promenade. An der Spitze der **Seebrücke** (398 m) mit Schiffsverkehr geht es mit der Tauchgondel zum Meeresgrund (www.tauchgondel.de, Nov.–März 11.00 bis 16.00, April, Mai, Sept., Okt. 10.00–19.00, Juni–Aug. 10.00–21.00 Uhr, Erw. 8 €). Die Wasserwelt des Oldenburger Grabens und der Ostsee stellt die **Natur-Erlebnis-Station Deichhaus** vor (www.groemitz.de/deichhaus.html). Die **Stadtkirche** (13. Jh.) ist dem Schutzpatron der Fischer, Nicolaus von Myra, gewidmet. Im Langhaus von **St. Nicolai** erklingen im Sommer „Kleine Abendmusiken".

ERLEBEN

Das **Erlebnisbad Grömitzer Welle** lockt mit Saunalandschaft, Außenbecken, Sonnenterrasse, Gastronomie und Shops. Die **27-Loch-**

Tipp

Kunst-Kilometer

14 Skulpturen machen die Neustädter Jungfernstieg-Promenade entlang der Bucht schon jetzt zum Kunst-Kilometer, 16 sollen es mal werden. Installiert wurden nur Werke regionaler Künstler wie Jörg Plickat, Jo Kley oder Elmar Gehlen, der auch als Schauspieler erfolgreich ist und „Box VI" (Foto) schuf.

Golfanlage – ein 18 Loch-Meisterschaftsplatz und ein 9-Loch-Übungsgreen – bietet Herausforderungen für jedes Handicap (Am Schoor 46, Tel. 04562 22 26 50, www.golfclub-groemitz.de). Am Ostseeküstenradweg warten im **Erlebniszentrum Lensterstrand** Spielplatz, Dünenminigolf, Hochseilpark und ein Aussichtsturm – hinab geht's durch die Röhrenrutsche (www.groemitz.de/lensterstrand_start.html).

VERANSTALTUNGEN

Sportlich zeigt sich das Ostseebad Ende Juni bei der **Grömitzer Woche**. Im Juli zieht die **Ostsee in Flammen** mit Konzerten und Höhenfeuerwerk 60 000 Besucher in ihren Bann (www.groemitz.de).

RESTAURANT

Mit Ostseelounge, Strandspeiserei, Klabautermann-Bistro und Palmenterrasse ist die €–€ € € **Strandhalle** der Treff an der Kurpromenade (Kurpromenade 56, Tel. 04562 22 25 70, www.strandhalle-groemitz.de).

UMGEBUNG

Das Benediktinerkloster ❸ **Cismar** (13. Jh.) ist seit dem Mittelalter nicht nur für Reliquien berühmt, sondern auch für den ältesten geschnitzten Altarschrein der Kunstgeschichte (www.cismar.de/kloster.htm). Fürs leibliche Wohl ist auf dem nahen Demeter-Hof Klostersee gesorgt – hier gibt es Biolebensmittel wie Quark, Joghurt und Brot sowie Übernachtungsmöglichkeiten.

Tipp

Museumshof

....

Pflüge, Eggen, Traktoren und andere Gerätschaften von früher lassen sich auf dem ❿ **Museumshof Lensahn** betrachten und ausprobieren. Ein 2,4 km langer Naturlehrpfad führt vom 200 Jahre alten Prienfeldhof zu Getreidefeldern, Teichen, Bauern- und Rosengärten, einer Allee mit 253 Baumarten und 232 alten Obstbaumsorten.

INFORMATION

www.museumshof-lensahn.de,
8. März–31. Okt., tgl. 10.00–18.00 Uhr,
Erw. 6 €

Wald und Wellen prägen ❹ **Kellenhusen** (1019 Einw.). Im Staatsforst verstecken sich eine 26 m hohe, 350 Jahre alte Stieleiche mit 6 m Stammumfang, Abenteuerspielplatz und Wildgehege. Highlights der Küste sind die Promenade Lady Prom mit Irrgarten, Ruhebuchten und Skulpturen, die Seebrücke mit drei Erlebnisinseln sowie die größte Disc-Golf-Anlage Deutschlands (www.ostseediscgolf.de). Im 130 Jahre alten Familienbad ❺ **Dahme** (1250 Einw.) können junge Kicker an der Fußball-Akademie ihr Können verbessern. Wellness ist im Strandspa (www.strandspa-dahme.de) möglich, wo Meersalzgrotten die Atemwege reinigen und ein Muschelflotarium für Entspannung sorgt. 108 Stufen führen zum 30 m hohen Leuchtturm Dahmeshöved (1879, April–Okt. So.–Do. 15.00, 15.30, 16.00, 16.30 Uhr, Erw. 6,50 €). Auf dem Dach der alten Meierei im Storchendorf ❻ **Grube** ist Meister Adebar Dauergast. Wer bleiben will, mietet die € € **Alte Ziegelei**, eine kuschelige Ferienwohnung mit gut ausgestatteter Küche und zwei Schlafzimmern (Siggeneben 1, 23749 Grube, Tel. 04365 978 79 80, www.siggeneben-ostsee.de).

❼ – ❾ Oldenburg in Holstein

❼ **Oldenburg in Holstein** (9778 Einw.), der westlichste Fürstensitz der Slawen, war um das Jahr 700 herum ein betriebsamer Ostseehafen, der 1235 Lübsche Stadtrechte von Graf Adolf IV. erhielt. Das **Wallmuseum Oldenburg TOPZIEL** lässt die Zeit nach der germanischen Völkerwanderung mit slawischen Häusern auf der Museumsinsel, Slawentagen und Märkten lebendig werden (Prof.-Struve-Weg 1, www.oldenburger-wallmuseum.de, Tel. 04361 62 31 42, 26. März–31. Okt. Di.–So. 10.00–17.00, Juli/Aug. tgl. 10.00–18.00 Uhr, Erw. 6 €).

RESTAURANT

Das € € / € € € **Bootshaus Weissenhaus** bietet köstliche Schlemmermenüs unter Sternen oder kleine Snacks beim Wein am Strand (Strandstr., 23758 Weissenhaus, Tel. 04382 92 62 35 00, www.weissenhaus.net).

UMGEBUNG

Das Ostseebad ❽ **Weissenhäuser Strand** ist Treffpunkt der Wakeboarder, die Feriensiedlung ein Ganzjahresurlaubsziel mit subtropischem Badeland, Sport- und Spielcenter, Columbuspark und prall gefülltem Veranstaltungskalender (www.weissenhaeuserstrand.de). Das Ostseebad ❾ **Hohwacht** (außerhalb der Karte, www.hohwachterbucht.de, 900 Einw.) hat sich den Charme eines alten Fischerdorfs bewahrt. Beim Tag des Strandleuchtens bringen Fackelschwimmer symbolisch den Sommer an Land.

INFORMATION

KulTour Oldenburg in Holstein GmbH
Touristen-Information, Markt 1, 23758
Oldenburg i. H., Tel. 04361 51 94 05
www.kultour-oldenburg.de

Lemkenhafener Mühle auf Fehmarn und Fehmarnsundbrücke

⓫ – ⓬ Heiligenhafen

Seit 1500 Jahren wächst durch die Sandverdriftung der Steilküste vor ⓫ **Heiligenhafen TOPZIEL** (9139 Einw.) ein Nehrungshaken. Eine Sturmflut trennte die Landzunge um 1650 in die Inseln Graswarder und Steinwarder. Eine zweistöckige Erlebnisbrücke mit Liegen und Spielbereichen führt 440 m weit aufs Meer hinaus.

ERLEBEN

Die Fünfsternemarina (www.marina-heiligenhafen.de) am Stadtkern ist mit 1000 Liegeplätzen der zweitgrößte Ankerplatz im Land. Sport und Spaß bei jedem Wetter bietet das Aktiv-Hus (www.aktiv-hus.de) mit Kletterwand, Beachsportarena, Bogenschießen, Spa und Spielewelt für Kinder. Katzenhaie, giftige Petermännchen, Stechrochen, Plattfische, Dorsche, Seenadeln und andere Meeresbewohner stellt die Ostsee-Erlebniswelt vor (Bäderstr. 6a–f, 23775 Klaustorf, Tel. 04371 44 16, www.ostseeerlebniswelt.de, März–Okt. tgl. 10.00–18.00, Nov.–Febr. tgl. 10.00–16.00 Uhr, Erw. 10 €). Kormorane und Gänsesäger lassen sich auf der Halbinsel Graswerder beobachten. Auf den 14 m hohen Aussichtsturm geht es nur bei Führungen des NABU (Ostern–Okt. 10.30, 15.00 Uhr, www.graswarder.de, 3 €). Ohne Sportbootführerschein dürfen Sie mit den Schlauchbooten „Blitz" und „Speedy" aufs Meer (Jachthafen, Tel. 01745 86 68 71 und 04362 73 23, ab 49 €).

UNTERKÜNFTE

Grit Jost orientierte sich für ihre € € **Villa Daheim** an britischem Bed & Breakfast (Friedrich-Ebert-Str. 18, 23774 Heiligenhafen, Tel. 04362 50 48 55, www.villadaheim-heiligenhafen.de).
Nach einem Seemannsknoten benannt ist das Wohlfühlhotel € € / € € € **Palstek** mit 20 Zimmern (Nordlandstr. 4, 23775 Großenbrode, Tel. 04367 80 40, www.hotel-palstek.de).

UMGEBUNG
Mit Seebrücke, Südstrand und besten Bedingungen für Surfer punktet das an drei Seiten von Wasser umgebene ⑫ **Großenbrode**.

INFORMATION
Tourismus-Service Heiligenhafen, Bergstr. 43, 23774 Heiligenhafen, Tel. 04362 907 20, www.heiligenhafen-touristik.de

⑬ Fehmarn

Die 185 km² große Insel (12 400 Einw.) **TOPZIEL** war für den Maler Ernst-Ludwig Kirchner „ein irdisches Paradies". Seit 1963 verbindet die 934 m lange Fehmarnsundbrücke das sonnenreiche Eiland mit der Halbinsel Wagrien.

SEHENSWERT/MUSEEN
Sand- und Naturstrände, Weizen, Windräder: Fehmarn ist ideal für naturverträglichen Urlaub. Die Orte indes sind eher nüchtern als idyllisch. Ausnahme: die Inselhauptstadt **Burg** mit Altstadtflair und gotischer Nikolaikirche (www. st-nikolai-kirche-burg.de). Von **Puttgarden** fahren Fähren in 45 Minuten nach Dänemark. **Burgstaaken** dominieren die Silos am Hafen. **Burgtiefe** lockt mit Südstrand und Jachthafen, der **Wulfener Hals** mit einem Top-Surfrevier. Einblicke ins Leben und Werk des Mitbegründers der „Brücke" gewährt die **Ernst-Ludwig-Kirchner-Dokumentation** (Bahnhofstr. 47, 23769 Burg, Tel. 04371 31 75, www.kirchner vereinfehmarn.de, Mo.–Fr. 9.30–12.00, 14.30 bis 18.00 Uhr, Mi. nachmittags geschlossen, Eintritt frei). „Gelebte Vergangenheit" ist das Motto des Museums **Katharinenhof**, wo in der Rauchkate (1520) Wildschwein-Lamm-Salami kalt geräuchert wird. Auch Backhaus, Schmiede, Töpferei und Weberei sind in Aktion (Katharinenhof 15, 23769 Fehmarn, Tel. 04371 12 30, www.museum-katharinenhof.de, Osterferien, Mai–Okt. Di.–So. 11.00–17.00 Uhr, Erw. 6 €). 1787 erbaute der Kornhändler Joachim Rahlff eine Mühle, deren Segel je nach Windstärke gesetzt oder gerafft wurden. Wo so einst Weizen und Gerste gemahlen wurde, erzählt heute das **Mühlenmuseum** vom Leben der Landbevölkerung (Mühlenweg 45, 23769 Lemkenhafen, Tel. 04372 18 94, www.museum -fehmarn.de, Juni–Okt. Mo., Di., Do.–So. 10.00 bis 17.00 Uhr, Erw. 4,50 €). Das **Meereszentrum** besitzt das größte Haifischbecken Europas (Gertrudenthaler Str. 12, 23769 Burg, www. meereszentrum.de, März–Okt. tgl. 10.00–18.00, sonst bis 16.00 Uhr, Erw. 11 €). Das Mitmachmuseum **Galileo-Wissenswelt** inszeniert mit mehr als 100 Exponaten in einer alten Bootshalle Naturwissenschaften als spannende Show (Mummendorferweg 11b, 23769 Burg/ Fehmarn, Tel. 04371 86 44 46, www.galileo-feh marn.de, 19. März–2. Nov. tgl. 10.00–18.00 Uhr, Erw. 11 €).

INFORMATION
Tourismus-Service, Südstrandpromenade 1, 23769 Burgtiefe/Fehmarn, Tel. 04371/50 63 00, www.fehmarn.de

Kraxeln an der Küste

DuMont Aktiv

Sich über schwankende Stege den Weg durch Baumwipfel zu bahnen, ist ein beliebtes Urlaubserlebnis an der Ostseeküste. Hier locken Kletterparks nicht nur tagsüber mit dem besonderen Kick, sondern auch nachts – beim Vollmondklettern geht's per Stirnlampe durchs Geäst!

Klick, der Karabiner ist eingehakt. Lara greift zur Strickleiter. Diese endet 20 Meter hoch über dem Waldboden. Bei jeder Stufe schwankt sie. „Du muss versetzt gehen", rät ihr Nora, die Kletterer im Natur-Hochseilgarten Altenhof einweist, „dann geht es leichter!" Mit jedem Meter wächst die Angst. Doch die lässt sich Lara nicht anmerken. Stolz ruft sie von oben ihren Eltern zu: „Guckt mal! Ich hab's geschafft". Doch die Plattform ist erst der Anfang. Weiter geht es über die „Burmabrücke" und ein großmaschiges Fischernetz zu einem Fahrrad, mit dem man auf einem Seil zur nächsten Buche rollt. Abzustürzen ist nicht möglich: Der Drahtesel ist in einer Seilkonstruktion verankert.

Direkt am Strand befindet sich der Ostseeklettergarten Grömitz, wo dicke Douglasienstämme von ihren zehn Meter hohen Spitzen Ausblicke auf die Ostsee eröffnen. Ungewöhnlich ist auch das Klettererlebnis in Burgstaaken, wo auf 14 Routen ein 40 Meter hohes Silo bezwungen werden kann. Und wenn es regnen sollte? Dann gibt es Indoor-Kletterwände wie in Damp, wo im Fun und Sport Center an einer 9,81 Meter hohen Wand mit Überhängen nach Herzenslust auf 53 Routen geklettert und gebouldert werden kann.

Auf einen Blick

Natur-Hochseilgarten Altenhof, www.hochseilgarten -eckernfoerde.de
Ostseekletterpark Grömitz, www. kraxelmaxel.de
Fun und Sport Center, www.ostsee -resort-damp.de

Hochseilgarten Fehmarn, www.hochseilgarten-fehmarn.de
Hochseilgarten Malente, www.hochseilgarten-malente.de
Hochseilgarten Travemünde, www.hochseilgarten-travemuende.de
Silo-Climbing, siloclimbing.com

Wer hoch hinaus will im Hochseilgarten in Grömitz, braucht ein bisschen Mut – aber man ist ja gut gesichert.

Stille Seen und große Kultur

An die 200 Seen zwischen sanften Hügeln, Wäldern und Feldern: Der Naturpark Holsteinische Schweiz ist eine romantische Landschaft, die sich am schönsten zu Fuß, per Rad oder im Boot erleben lässt. Naturfreunde folgen verschwiegenen Pfaden, Musikfans pilgern zu Festspielen von Weltruf, Familien mit Kindern genießen entspannte Ferien ganz ohne Sightseeingstress, aber voller Erlebnisse.

Die Idylle hat einen Namen: Großer Eutiner See (im Hintergrund das Eutiner Schloss, in dessen Park jährlich die Eutiner Festspiele stattfinden).

„Hört ihr Leut' und lasst euch sagen": Stadtführung mit dem Nachtwächter in Eutin

Das Schloss Eutin, dessen vierflügelige Anlage aus einer später zur Residenz umgebauten mittelalterlichen Burg hervorging, ist von einem herrlichen Park umgeben.

Am Marktplatz in der Altstadt von Plön kann man das Leben und die Sonne genießen.

Auch auf dem Eutiner Marktplatz – hier mit der fast 800 Jahre alten St.-Michaelis-Kirche – lässt es sich sehr gut verweilen.

Unter den kunstsinnigen Oldenburger Herzögen Friedrich August und Peter Friedrich Ludwig erlebte Eutin eine kulturelle Blüte, der es den Beinamen „Weimar des Nordens" verdankt.

Die Fischerei ist bei uns eine Familienkrankheit", sagt Sabine Schwarten und streicht sich eine blonde Strähne aus dem Gesicht. Kühl ist es, leichter Nebel liegt über dem See. Achtzig bis hundert Reusen leert die resolute Fischerin jeden Tag in der Saison. Aale, Hechte, Barsche und Zander gehören zum Fang, den sie aus dem Großen und Kleinen Eutiner See wie aus dem Silbersdorfer See holt. Als Schleswig-Holsteins einzige Fischwirtsmeisterin ist sie die einzige Frau in einer Männerdomäne. Der Beruf liegt ihr in den Genen. Ihre Familie ist seit mehr 800 Jahren in der Fischerei aktiv. Was sie immer wieder aufs Neue an ihrem traditionsreichen Handwerk begeistert, ist die Begegnung mit der Natur. Bei ihren Fahrten über die Seen kreisen Seeadler über ihrem Kopf. Beim Ausnehmen des Fangs schaut ein Graureiher zu, dann betteln Haubentaucher um Futter.

Paradies im Urzustand

Morgens, wenn die geschäftige Welt noch schläft, ist die Seenlandschaft ein Paradies im Urzustand, eine amphibische Idylle, geformt von der letzten Eiszeit, mit sanft gewellten Endmoränen, lichtdurchfluteten Buchenwäldern und an die 200 Gewässer. Sie bildet ein Eldorado für Wanderer, Radfahrer und Wassersport-

ler, die mit schnittigen Jachten über die Wasserflächen gleiten oder im Kanu verwunschene Winkel entdecken, in denen Schildkröten brüten, Frösche quaken und Reiher stolz durchs Wasser staksen.

Doch was huscht da über den Grund? Ein Kember Krebs. Und damit ein Eindringling, ein Bioinvasor. Seine Heimat ist Amerika. Der US-Flusskrebs sieht dem deutschen Edelkrebs zwar ähnlich, hat aber einen entscheidenden Vorteil: Er ist gegen den Erreger der Krebspest resistent, der den deutschen Krebs ausgerottet hat. Kurzerhand setzten Fischer daher einst seinen US-Vetter aus. Heute darf dies nicht mehr geschehen, es ist nur das Aussetzen heimischer Arten gestattet.

Eutin: Auf zu neuen Ufern

Sabine Schwarten ist eine gebürtige Malenterin, aber sie lebt in Eutin, der Rosenstadt am Kleinen und Großen Eutiner See. Unter den kunstsinnigen Oldenburger Herzögen Friedrich August (1750–1785) und Peter Friedrich Ludwig (1785–1829) erlebte die Kleinstadt eine kulturelle Blüte, die ihr den Beinamen „Weimar des Nordens" einbrachte. Nicht ganz unschuldig daran war Friedrich Wilhelm Tischbein, der 1806 nach Eutin kam, um am Hof zu arbeiten. Er malte Szenen aus der Odyssee und der Ilias und verbrachte seine letzten Lebenstage

Blumenwiese am Kleinen Plöner See: „Frühling lässt sein blaues Band / Wieder flattern
durch die Lüfte; / Süße, wohlbekannte Düfte / Streifen ahnungsvoll das Land …"

St.-Petri-Kirche in Bosau
am Plöner See

Innen bietet die St.-Petri-Kirche den Bosauer
Sommerkonzerten einen schönen Rahmen.

Er weiß, wie's geht: Holzschuhmacher Lorenz
Hamann in der „Schusterstadt" Preetz

Adliges Damenstift der Schleswig-
Holsteinischen Ritterschaft: Kloster Preetz

Special

Schöner Picknicken

Wir bitten zu Tisch

Die Holsteinische Schweiz ist ein Paradies für ein Picknick. Klare Seen, blühende Wiesen, lichte Wälder – da bekommt man Lust, ganz genüsslich draußen zu tafeln.

Am einfachsten geht das mit einem ganz besonderen Rucksack, den es bei zwölf Picknickpartnern gibt, die das Behältnis für die Gäste mit allem befüllen, was man fürs Schlemmen in der Natur braucht. Die Grundausstattung der Rucksäcke ist stets identisch: wärmeisoliertes Haupt- und Flaschenfach, Teller, Gläser, Flaschenöffner, Salz und Pfeffer, Picknickdecke und Servicepäckchen mit Sonnenschutz, Notfallpflaster, Atemfrisch und Müllbeutel. Den Unterschied macht die kulinarische Füllung aus. Fürs Familienpicknick am Dieksee packt der Wyndham-Garten Käse-Schinken-Sandwiches, Kuchen, Obst, Eier, Saftschorle und Spielsachen wie Frisbee oder Malstifte hinein. Regional und rustikal befüllt ihn

Waldspaziergang am Selenter See

Haus Schwanensee in Bosau. Omas Mischbrot fehlt dort ebenso wenig wie deftig-zarter Holsteiner Schinken. Neue Kraft bei Kanutouren gibt der Seeblick-Picknickrucksack; maßgeschneidert für Romantiker ist das Schlossgartenpicknick, zu dem auch eine Flasche Sekt gehört (www.holsteinischeschweiz.de/picknick-holsteinischeschweiz).

bis zum Tod 1829 in der Zweiseenstadt, deren Motto heute heißt: „Auf zu neuen Ufern!". Dieser Slogan vereint die Anstrengungen, die Eutin als Ausrichterin der Landesgartenschau 2016 unternahm. Viele Millionen Euro nahm die Stadtverwaltung in die Hand, um Bahnhof, Seepark, Seescharwald und Stadtbucht mit dem alten Haus des Gastes aufzupeppen und „blühende Landschaften" zu schaffen, die rund 500 000 Besucher nach Eutin lockten.

Große Kunst an ungewöhnlichen Orten

Umgebaut und aufgewertet wurde auch das Festspielareal mit der Freilichtbühne, wo seit 1951 jeden Sommer große Opern open air erklingen. Die Traditionsbühne im Eutiner Schlosspark gehört seit Jahren zu den Spielstätten des Schleswig-Holstein-Musikfestivals (SHMF), das Justus Frantz 1986 mit Leonard Bernstein ins Leben gerufen hat und das heute mit rund 130 Konzerten an 77 Spielstätten in sieben Wochen das größte Klassikfestival Europas ist. Das Geheimnis seines Erfolges? Musiziert wird nicht nur in den Schlössern, Scheunen, Ställen und schönsten Kirchen Schleswig-Holsteins, sondern auch an ungewöhnlichen Orten: Werften, Flugzeughangars und alte Industriehallen bildeten bereits die Kulisse, vor der Welt-

Herrchen und Frauchen paddeln, die Hunde
sehen zu: auf der Schwentine bei Plön.

Morgenstimmung am Dieksee: Warum denn in die Ferne schweifen,
ist das Schöne doch so nah (bei Malente) ...

Idyllisch: Anlegestelle Fährhaus Uklei
am Kellersee

Im Herrenhaus Salzau am Selenter See legten Justus Frantz und Leonard Bernstein einst den Grundstein für das Schleswig-Holstein-Musik-Festival, heute Europas größtes Klassikfestival.

stars wie Geigerin Anne-Sophie Mutter, die Mezzosopranistin Magdalena Kozena oder die Cellistin Sol Gabetta auftreten, aber auch hierzulande weniger bekannte Künstler wie Aytac Dogan, der in der Türkei wegen seines virtuosen Spiels auf der arabischen Zither (Kanun) wie ein Popstar gefeiert wird. Das zeigt: Nicht nur die Spielstätten sind ungewöhnlich, auch die Hörgewohnheiten des Publikums werden herausgefordert. Neuerungen hat der promovierte Musikwissenschaftler Christian Kuhnt angekündigt, der im Oktober 2013 die Intendanz des Musikfestivals übernahm. So gibt es neben dem jährlich wechselnden Länderschwerpunkt und einer Komponistenretrospektive auch ein Interpretenporträt und einen Bereich mit klassikferner Musik.

Zu den beliebtesten Veranstaltungen des SHMF gehören die Musikfeste auf dem Land, wie sie alljährlich auch auf Gut Stocksee gefeiert werden, einer Perle unter den prachtvollen Herrenhäusern Ostholsteins, deren Ambiente und Gastlichkeit auch bei anderen Events zu erleben ist. Während der Obsternte serviert die alte Hamburger Reederfamilie Baur, der das Gut seit 1926 gehört, unter jahrhundertealten Bäumen im Kaffeegarten und in der Gutsscheune hausgemachte Torten und Kuchen. Da erinnert man

sich doch gleich an den Kinoerfolg von 2013, den die Regisseurin Vivian Naefe nach der Romanvorlage von Katharina Hagena in der Holsteinischen Schweiz drehte: „Der Geschmack von Apfelkernen" ist ein ebenso bewegendes wie humorvolles Familiendrama mit Hannah Herzsprung Florian Stetter, Marie Bäumer und Meret Becker.

Eine Erfindung macht Furore

Anfang Juni gibt's beim „Park und Garden Country Fair" die Requisiten für eigene Gartenträume zu erwerben sowie am ersten und dritten Advent wunderschönes Kunsthandwerk bei den 120 Ausstellern eines gemütlichen

einer Schusterstadt. Einer, der rund 100 Jahre später seine Werkstatt in der Langen Brückstraße hatte, wurde berühmt: Albert Bünn (1924–2006). Für die Kicker vom HSV erfand er Ende der 1950er-Jahre einen besonderen Fußballballstiefel – mit Stollen, die ein- und ausgedreht werden konnten. Seine Erfindung machte Furore. Bünn selbst ging leer aus, ihm fehlten die Mittel für die Weltpatente. Aber mit Stollenschuhen wurde schon bald in Malente gekickt. 1974 bereitete sich die deutsche Nationalmannschaft an der Verbandssportschule erstmals auf die Fußballweltmeisterschaft 1974 vor – und holte den Titel. Nach dem Sieg blieben die Kicker Malente treu, ka-

Gut Stocksee ist eine Perle unter den prachtvollen Herrenhäusern Ostholsteins.

Weihnachtsmarkts, zu dem die Besucher von weit her pilgern: Advent auf Gut Stocksee gehört zur Holsteinischen Schweiz wie die Schuster zu Preetz. 780 der Handwerker waren um 1850 in Preetz tätig und verliehen ihr den Ruf

men, trainierten, siegten. 1990 wurden sie erneut Weltmeister – und der „Geist von Malente" legendär. 1994 reiste die Mannschaft mit Berti Voigts zum letzten Mal nach Malente. Zum Glück sind die deutschen Kicker aber auch so fähig …

Die besten Beach Bars an der Ostsee

Zuckerrand am Ostseestrand

Ein lauer Sommerabend am Meer. Jetzt noch den Tag verlängern! Am Meer bleiben. Auf Dünen oder Wellen blicken und beim Wein ein wenig träumen ... Unser Ranking nennt die zehn schönsten Beach Bars für einen Latte bei Leuchtturmblick, einen Sundowner am Strand oder einen Tanz unter funkelnden Sternen. Ob tags oder nachts: Der Flirtfaktor ist hoch!

1 Riff-Strand

Auf bequemen Sesseln und Liegen entspannen, kühle Cocktails schlürfen und mit den Zehen im Sand spielen – das Riff ist eine Beach Bar mit echtem Strand und besonders schön, wenn zum Live-Jazz die Sonne im Meer versinkt. Diesen Blick gibt es sonst fast nur an der gen Westen orientierten Nordseeküste Schleswig-Holsteins.

Lübecker Str. 15a, 23669 Timmendorfer Strand, OT Niendorf, Tel. 01 71 954 15 98, www.riff-strandbar.de

2 Maritim Beach Lounge

Von Weitem sehen sie wie Himmelbetten aus, die hölzernen Lounge-Inseln mit Liegen aus dunklem Holz und weißen Vorhängen, die ungestörtes Kuscheln am Strand erlauben – mit unverstelltem Blick auf die Seebrücke und das Meer.

Maritim Seehotel Timmendorfer Strand, Strandallee 73, 23669 Timmendorfer Strand, Tel. 04503 60 50, www.maritim.de

3 Stranddüne

Ohne Chichi und Schnickschnack, sondern einfach urgemütlich ist die Strandbar von Scharbeutz mit ihren Korbsesseln an den Dünen und grundsoliden Preisen für Getränke und Klassiker der norddeutschen Küche.

Strandallee 118a, 23683 Scharbeutz, Tel. 04503 737 10, www.strandbar-scharbeutz.de

4 Café Sorgenfrei

Tagsüber laufen schnittige Jachten und wuchtige Kutter vor der Sonnenterrasse an der Westmole ein und aus, während Möwen ihr Glück dabei versuchen, etwas von den selbst gebackenen Kuchen und Torten zu ergattern. Abends wird gefeiert – besonders die Vollmondpartys mit Live-Konzerten sind legendär.

Café Sorgenfrei, Südstrandpromenade 1, 23769 Burgtiefe auf Fehmarn, Tel. 0157 74 01 63 65, www.cafe-sorgenfrei.de

5 Bootshaus Weissenhaus

Vom Gut zum Grand Village Resort & Spa am Meer: In einem Großprojekt hat Jan-Henric Buettner mit seinen Internetmillionen ein ganzes Dorf in ein Urlaubsidyll verwandelt. Im schicken Restaurant Bootshaus gibt es sterneverdächtige Schlemmerküche, und wer mag, kann den Tag im Beach Club direkt in den Dünen auf gemütlichen Sitzgelegenheiten ausklingen lassen. Sogar eine Live-Grillstation ist dort vorhanden.

Bootshaus Weissenhaus, Parkallee 1–11, 23758 Weissenhaus, Tel. 04382 926 20, www.weissenhaus.net

8 Strandbar „BarBados" Damp

Die Strandbar „BarBados" sorgt mit Cocktails, Kinderanimation und kostenlosen Konzerten bei gutem Wetter täglich ab 14 Uhr für Spaß am Aktionsstrand von Damp. Im Juli und August legt am Mittwoch, Donnerstag, Samstag und Sonntag ein DJ auf. Freitags treten Live-Bands wie NoorRock, Tears for bears, A-coustic Sundownder, Well Done und Linewalkers auf. Dienstags sorgt Big Harry, bekannt aus dem „Big Brother"-Haus und der Vorabendserie „Großstadtrevier", als Band oder Duo für stimmungsvolle Unterhaltung.

Strandbar Damp
Seeuferweg 10, 24351 Damp, Tel. 04352 806 66, www.ostsee-resort -damp.de

10 Sandwig Strandbistro

Wikingerflair trifft Shabby Chic: Die neue Strandbar des Strandhotels Glücksburg mit Blick auf die Seebrücke mit coolen Lounge-Möbeln und nordischem Charme ist seit der Eröffnung 2013 der Kulttreff der VIPs der deutsch-dänischen Grenzregion. Bestellt und abgeholt wird am Tresen; wenn sich der Piepser meldet, sind Scampi, Scholle oder Suppe fertig. Einziges Manko: Bislang ist nur Bares Wahres, EC- und Kreditkarten werden nicht akzeptiert.

Strandhotel Glücksburg, Kirstenstraße 6, 24960 Glücksburg, Tel. 04631 614 10, www. strandhotel-gluecksburg.de

6 Sunset Strandbar

Dünen, Strand und tolle Drinks: Die kleine Strandbar ist die schönste Location für einen Sundowner an der Ostseespitze. Und wer danach Hunger bekommt, bestellt sich Ossobuco, Lachs oder Pasta und schlemmt mit Blick auf die bis zu 15 m hohe Steilküste, die hier beginnt. Tipp: Zu Fuß kommen – das Halteverbot an der Bar wird rigoros kontrolliert!

Sunset Strandbar, Seepark 23, 23774 Heiligenhafen, Tel. 0173 279 44 51, www. sunset-strandbar.de

7 Strandhaus Schwedeneck

Näher ran ans Meer kommt man nirgends: Nur 20 m vom Flutsaum entfernt sind die beiden hölzernen Strand-Lounges von Dänisch-Nienhof an der Eckernförder Bucht. Wem die Weine zur gefüllten Dorade oder den schmackhaften Tapas zu gut munden, der geht drei Schritte und übernachtet in den Ferienwohnungen von Wirt Burkhard Wehrmeyer.

Strandstraße 24, 24229 Dänisch-Nienhof, Tel. 04308 212, www.strand haus-schwedeneck.de

9 Giftbude

Nur per Schiff zu erreichen ist die Giftbude auf der Schleimünder Lotseninsel. Wer auf der Terrasse im Westen der kleinen, kultigen Laube direkt an der Waterkant Platz nimmt, muss aber nicht um sein Leben fürchten: Im Schankraum gibt's keinen Todestrunk, sondern Bier vom Fass und Fisch vom Kutter. Denn Gift bedeutete im Althochdeutschen Gabe!

Giftbude, Schleimünde, 24376 Kappeln (Lotseninsel), Tel. 04642 60 04, www.lotseninsel.de

Kulturelle Perlen in herrlicher Hügellandschaft

Sanft gewellte Endmoränen, durchsetzt mit Schlössern, Seen und sonnendurchfluteten Buchenwäldern: Im Hinterland der Ostseeküste präsentiert sich die Holsteinische Schweiz als äußerst idyllischer Landstrich, der Natur und Kultur hochleben lässt.

❶ – ❷ Eutin

Geografischer und kultureller Mittelpunkt ist die Rosenstadt **Eutin** (16 700 Einw.), die holländische Siedler im 12. Jh. gründeten. Seine Blüte erlebte Eutin unter den Oldenburger Herzögen im 18. und 19. Jh., die große Namen wie Herder, Klopstock, Tischbein und Wilhelm von Humboldt an ihren kleinen Hof holten.

SEHENSWERT

Benannt wurde die Stadt ❶ Eutin nach der **Utin-Burg**, die Slawen um das Jahr 900 auf der 2 ha großen Fasaneninsel im **Großen Eutiner See** errichtet hatten. 1138 zerstört und später Standort einer Fasanerie, gehörte die Insel zum Gebiet der Gartenschau 2016. Die **Altstadt** mit Mittelalter-Fachwerk und Bürgerhäusern überragt der 67 m hohe Turm der romanischen Michaeliskirche (Mo.–Sa. 10.00–16.00 Uhr) aus dem 12. Jh. Ebenfalls am Marktplatz liegen das **Rathaus** und das spätbarocke **Witwenpalais**, das 1786/ 1787 für Herzogin Ulrike Friederike Wilhelmine von Hessen-Kassel als Altersruhe-

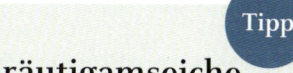

Tipp

Bräutigamseiche

Bereits fünf Ehen hat eine knorrige Eiche angebahnt, die seit 500 Jahren im Dodauer Forst als Liebesbriefkasten fungiert – täglich werden Briefe in ihrem Astloch deponiert. Wer neue Wege der Partnersuche beschreiten will, kann sie lesen und beantworten. Oder dem einzigen Baum mit Adresse seine Kontaktanzeige zuschicken: Bräutigamseiche, Dodauer Forst, 23701 Eutin – der Postbote deponiert das Gesuch persönlich!

sitz errichtet wurde. Die vierflügelige Anlage des **Eutiner Schlosses** wurde auf den Fundamenten einer Burg von den Lübecker Fürstbischöfen und den Herzögen von Schleswig-Holstein-Gottorf vom 12.–16. Jh. errichtet und nach einem Brand 1689 auf den Grundmauern neu aufgebaut. Heute ist die Sommerresidenz größtenteils Museum. Das Kavaliershaus (1836) dient heute als Landesbibliothek, die ehemalige Wagenremise (1791) als Kreisbibliothek. Der 14 ha große **Schlosspark** aus dem frühen 17. Jh., unter Christian August (1705–1726) zum Lustgarten nach Versailler Vorbild erweitert, wandelte sich unter Herzog Friedrich Ludwig (1785–1829) zum englischen Landschaftsgarten. Im Juli und August ist der Park seit 1951 Kulisse der Eutiner Festspiele. Den schönsten Blick auf die Stadt, ihre beiden Seen und den 169 m hohen **Bungsberg** bietet der 38 m hohe Wasserturm (1909), zu dem die 156 Stufen hinaufführen – die letzten 53 durch den 250 000 l fassenden Wassertank (Wilhelmstr., Mitte Mai–Mitte Sept. Di.–So. 10.00–16.00 Uhr, Erw. 2 €).

MUSEEN

Die herrschaftliche Wohn- und Lebenskultur der Oldenburger Herzöge präsentiert das **Schlossmuseum** (Schlossplatz 5, 1.–27. April, 1. Nov. bis 18. Dez. Fr.–So. 11.00–17.00, 28. April bis 3. Okt. tgl. 10.00–18.00 , 4.–31. Okt. Di.–So. 11.00–17.00 Uhr, Erw. 8 €), zu dessen Höhepunkten die Schlosskirche mit dem beheizbaren

Aufführung von Georges Bizets Oper „Carmen" bei den Eutiner Festspielen

Fürstensitz gehören, die kostbar ausgestatteten Gästezimmer und Wohnräume der Herzogin. Im Marstall informiert das **Ostholstein-Museum** über Eutins Blüte und die Geschichte Ostholsteins (Schlossplatz 1, http://museum.kreis-oh. de, 11. März–27. April Di.–Fr. 11.00–17.00, Sa./ So. 10.00–17.30, 28. April–3. Okt. Mo.–Do. 11.00 bis 18.00, Fr.–So. 11.00–19.00 Uhr, Erw. 8 €).

UNTERKUNFT

Antje Maichl war viel unterwegs, ehe sie mit ihrem **€ € Kleinen Hotel** ein Kleinod voller Charme schuf: mit wildromantischem Garten, kleinem Café und kuscheligen Zimmern, die Nostalgie und Moderne individuell verbinden (Albert-Mahlstedt-Str. 6, 3701 Eutin, Tel. 04521 858 04 41, www.daskleinehotel-eutin.de).

UMGEBUNG

Mit 169 m ist der ❷ Bungsberg bei Schönwalde Schleswig-Holsteins höchster Hügel – und im Winter ein beliebter Ski- und Rodelhang. Auf seinem Gipfel entspringt die Schwentine.

INFORMATION

Touristinformation, Markt 8, 23701 Eutin, Tel. 04521 7 09 70, www.hol steinischeschweiz.de/Eutin

❸ Bad Malente-Gremsmühlen

Fußballfans kennen das Kur- und Kneipp-Heilbad (10 453 Einw.) **Malente** TOPZIEL zwischen Diek- und Kellersee als Trainingslager der Nationalmannschaft, Filmfans das nahe Gut Rothensande als Filmkulisse. Toll ist eine Fünf-Seen-Fahrt vom Dieksee über Langensee, Behler See und Höftsee zum Edebergsee (www.5-seen-fahrt.de, April–Okt. 10.00–18.00 Uhr, 10 €).

SEHENSWERT/MUSEUM

Um 1740 wurde die **Thomsenkate** als niederdeutsches Hallenhaus mit Fachwerk und Reetdach an der Marktstraße errichtet. Rund 100 Jahre älter ist die **Tewskate**, die heute als **Heimatmuseum** dient (Sebastian-Kneipp-Str., Tel. 04523 28 52, Ostern–Okt. Di.–So. 14.00–17.00 Uhr, Eintritt frei). Als ältestes Gebäude von Malente gilt die **Maria-Magdalenen-Kirche** (13. Jh.), als Beispiel für die Landschaftsarchitektur der 1960er der von Karl Plomin gestaltete **Kurpark** (www.kurpark-malente.de).

UNTERKUNFT

Weiß sind im Gartenhotel € € **Weißer Hof** nur die Dachgiebel; von den 35 Zi. fällt der Blick auf einen 5000 m² großen Garten mit schönem, altem Baumbestand. Für Entspannung sorgt ein eigener Wellnessbereich (Voßstr. 45, 23714 Malente, Tel. 04523 992 50, www.weisserhof.de).

INFORMATION

Tourismus-Service Bad Malente, Bahnhofstr. 3, 23714 Bad Malente-Gremsmühlen, Tel. 04523 9 89 90, www.bad-malente.de

❹ – ❺ Plön

Elf Seen im Stadtgebiet, fünf Seen in der Umgebung: Wer Wasser liebt, kommt in der Schloss-Stadt ❹ **Plön** (8800 Einw.) auf seine Kosten. Um 700 errichteten hier die Slawen ihre Burg „Plune". 1139 zerstörte Graf Adolf II. von Schau-

Tipp

Edle Weine

Steile Hänge gen Süden: So fühlt sich die Solaris-Rebe wohl. Angebaut wird sie auf dem **Weingut Ingenhof** (www.ingenhof-sh.de) in Malkwitz seit 2008, 2010 wurde der fruchtige Weiße erstmals auf die Flasche gezogen. Rote Regent- und Rebergerreben werden auf dem Weingut **S. J. Montigny | Hof Altmühlen** (www.weingut-montigny.de) in Grebin bei Plön angebaut. Als erster Tropfen Schleswig-Holsteins wurde seine Abfüllung „So mookt wi dat" in den Gault-Millau-Weinführer mit 83 von 100 Punkten aufgenommen (Weindepot: www.schneekloth.de).

Plöner Schloss (oben), Aussichtsturm Hessenstein (oben rechts), Idylle am Kellersee (unten rechts)

enburg die Festung. Seine neue Burg auf dem Schlossberg wurde Keimzelle einer Siedlung an der Handelsstraße nach Lübeck, die 1236 Lübsche Stadtrechte erhielt. Gut 400 Jahre später wich unter Herzog Joachim Ernst die Burg dem heutigen Schloss; **Plön** stieg zur Hauptstadt eines selbstständigen Fürstentums (bis 1761) auf.

SEHENSWERT

Wahrzeichen ist die einzige Höhenburg des Landes, das 1633 bis 1635 errichtete **Plöner Schloss**. Heute schult hier die Fielmann-Akademie jährlich mehr als 6000 Optiker. Am Eingang des Barockgartens ließ Herzog Friedrich Carl von Hofbaumeister Gottfried Rosenberg 1744 das Prinzenhaus errichten. Hier wurden junge Hohenzollernprinzen in Landwirtschaft unterrichtet (Schlossgebiet 10, www.prinzenhaus ploen.de, Führungen Mai–Sept. Mi. 11.30, Sa., So. 15.00, 16.00, Okt.–April So. 11.30 Uhr, Eintritt frei, Spende erbeten). Noch im Besitz der Hohenzollern, aber zugänglich, ist die **Prinzeninsel** (www.prinzeninsel-ploen.de) mit Sandstränden, Kadettenfriedhof und Niedersächsischem Bauernhaus. Vom See in die **Altstadt** führen Twieten, alte Löschwege. Den **Marktplatz** prägen das Rathaus, die **Nikolaikirche** mit dem 60 m hohen Turm und der Gänselieselbrunnen. In der Langen Straße sind die Giebelhäuser auffällig schmal – im Mittelalter musste die Steuer nach der Hausbreite gezahlt werden. Eis schlemmt man bei Cini (Markt 12), oder man trifft sich zum Schoppen bei Wein und Co. (Lange Str. 13, www.weinundco-ploen.de). Der **Parnassturm** wurde 1888 als offenes Stahlfachwerk errichtet. Bis heute kostenlos: die schöne Aussicht auf Stadt, Schloss und die Seen (Ostern–Okt. tgl. 9.00–19.00 Uhr).

RESTAURANT & UNTERKUNFT

Nur fünf Zimmer birgt das einstige € € € **Pastorat**. Ende Oktober holt Küchenchef Robert Stolz für sein Gourmetfestival zwei Tage lang Topköche wie Søren Selin an seinen Herd (Markt 24, 24306 Plön, Tel. 0452 25 03 20, www.hotel-restaurant-stolz.de).

UMGEBUNG

Die Petrikirche von ❺ **Bosau** ist seit über 40 Jahren Austragungsort der Bosauer Sommerkonzerte (www.sommerkonzerte-bosau.de).

INFORMATION

Touristinformation, Bahnhofstr. 5, 24306 Plön, Tel. 04522 509 50 www.holsteinischeschweiz.de/ploen

❻ Preetz

In der Kleinstadt (15 700 Einw.) an der Schwentine blühte neben dem Schuster- das Töpferhandwerk: In fünf Werkstätten fertigten rund 100 Könner die berühmte Probsteier Keramik.

SEHENSWERT

Benediktinerinnen beteten ab 1260 hinter den Mauern des **Klosters Preetz**. In der Reformation wurde ihr Kloster in ein Damenstift der Ritterschaft mit 60 Wohnungen umgewandelt, bis heute beliebte Alterssitze. Probsten- und Priorinnenhaus sowie die Häuser der Konventualinnen umgeben das Gotteshaus, zu dessen Schätzen 137 Tafelbilder aus dem 15. Jh. im Nonnenchor gehören (Klosterhof 5, Tel. 04342 868 29, www.kloster-preetz.de, Führungen tgl. 15.00 Uhr, Hauptsaison Di., Mi., Fr. auch 11.00 Uhr, Erw. 5 €; Dez. Weihnachtsmarkt). Die **Stadtkirche** thront seit 1210 auf einem Hügel über dem Kirchsee; Schätze im

---

Elf Seen im Stadtgebiet, fünf Seen in der Umgebung: Wer Wasser liebt, kommt in Plön auf seine Kosten.

Innern sind ein romanischer Taufstein, ein
Renaissance-Leuchter und ein schwebender
Taufengel aus dem 18. Jahrhundert.

INFORMATION
Schusterstadt Preetz e.V., Mühlenstr. 9,
24211 Preetz, Tel. 04342 7 28 04 20,
www.holsteinischeschweiz.de/preetz

❼ Lütjenburg

Fachwerk und Bürgerhäuser, Kopfsteinpflaster
und Kirchtürme: Lütjenburg ist eine Kleinstadt
(5289 Einw.) wie aus dem Bilderbuch.

SEHENSWERT
Auf dem **Marktplatz** wird Mi. und Sa. Markt
gehalten. Das Treiben überragt die romanische
St. Michaeliskirche (um 1280 gotisiert). Se-
henswert sind der Flügelaltar (1467), das Triumphkreuz (15. Jh.), die Renaissance-Kanzel
(1608) und die Gutsloge (17. Jh.). 1576 wurde
das **Färberhaus** errichtet, wo sich heute
Brautpaare das Ja-Wort geben. Das **Ba-
rock-Rathaus**, einst ein Wohnhaus, wird seit
1867 von den Ratsherren genutzt. In der Ro-
senstraße brannte Bäckermeister Detlev Hin-
rich Boll 1824 den ersten Lütjenburger Korn
und legte den Grundstein zu einer Industrie,
die Lütjenburg den Namen „Kümmelburg" ein-
trug. Heute ist D.H. Boll die letzte Kornbrenne-
rei. Probiert werden kann im Schankraum des
Stammhauses (Markt 16, https://dhboll.de).

MUSEEN
Im Nienthal wurde eine slawische **Turmhügel-
burg** als Freilichtmuseum mit Märkten, Wikingertagen und Vorträgen rekonstruiert (ganzjährig, Eintritt frei, Spende erbeten, Führungen
Mai–Sept. Mi., Sa., So. 15.00 Uhr, Führung 3 €,
Lager p. P. 6 €). In der Stauchmoränenlandschaft
am Hessenstein illustriert das **Eiszeit-Museum**
mit Mammutzähnen und Fossilien die Ära, die
vor 10 000 bis 15 500 Jahren die Region formte
(Landstr. 165, Lütjenburg-Schönberg, www.eis
zeitmuseum.de, Mai–Sept. tgl. 10.00–18.00,
Okt.–April Di.–So. 11.00–17.00 Uhr, Erw. 4 €).

RESTAURANTS & UNTERKUNFT
Der alte € € €/€ € € € **Gutshof Ole Liese**
wurde nach dem Lieblingspferd des Fürsten von
Hessenstein benannt. Im € € €/€ € € € **1797**
serviert Volker M. Fuhrwerk aufwendige Küche,
in der € €/€ € € **Ole Liese Wirtschaft** gibt's
Bodenständiges (Hotel & Restaurant Ole Liese,
Gut Panker, Tel. 04381 90 6 90, www.ole-liese.de).

UMGEBUNG
Wahrzeichen ist der neogotische, 18 m hohe
Bismarckturm (1898) auf dem **Vogelberg**. Hin-
auf führen 96 Stufen (Zugang: € € Gaststätte
Am Bismarckturm, Tel. 04381 41 99 41, www.
restaurant-bismarckturm.com, Erw. 1,50 €).

INFORMATION
Touristinformation, Markt 4, 24321
Lütjenburg, Tel. 04381 41 99 41,
www.stadt-luetjenburg.de

Genießen   Erleben   Erfahren

DuMont
Aktiv

Unterwegs auf dem „heiligen Fluss"

Er schlängelt sich durch 17 Seen und ist der „heilige Fluss" der Holsteinischen Schweiz: die Schwentine. Vom Bungsberg, wo sie sprudelnd
entspringt, fließt sie gemächlich rund 50 Kilometer bis nach Kiel. Gibt es eine
schönere Einladung zum Wasserwandern?

Die Slawen hatten schon recht, als sie ihn „heiligen Fluss" nannten:
Geradezu göttlich sind die Landschaften und Orte, die die Schwentine auf
ihrem kurzen Lauf durchfließt. Die ganze Wegstrecke können Sie in vier
Tagestouren bewältigen; gemütlicher wird's, wenn Sie eine Woche im Paddel-
oder Schlauchboot unterwegs sind.

Starten Sie am Restaurant Redderkrug am Großen Eutiner See, und
passieren Sie die Innenstadt von Eutin mit ihrem Seglerhafen. Neben dem
Anleger des Ausflugsschiffs können Paddler an einem Steg festmachen.
Hinter der Fissauer Mühle erreichen Sie den Kellersee, kurz darauf den Naturcampingplatz Prinzenholz und die Halbinsel Riemenstein. Von Bad Malente-Gremsmühlen fährt man mit Gefälle zum Dieksee. In Timmdorf geht's
durch eine schmale Durchfahrt in den Langensee, dann in den Behler See. Es
folgt See um See: Höftsee, Großer und Kleiner Plöner See, Kronsee, Fuhlen-
see und Lankersee. Hinter Preetz taucht die Schwentine in einen Auwald ein,
wild und ursprünglich. Am Kraftwerk Raisdorf heißt es: aussteigen und um-
tragen. 1,6 Kilometer geht es zu Fuß durch den Schwentinepark. Für all die
Mühen entschädigt die idyllische Natur im Schwentinetal. Weiter schippert man dann bis Neumühlen-Dietrichsdorf vor den Toren Kiels.

Weitere Informationen

Tourlänge: 55 km/4 Tage
Schwierigkeitsgrad: Die Strömung ist
verhalten. Wer bereit ist, kurze Strecken
zu treideln, kann die Strecke in beide
Richtungen befahren. Umgesetzt werden
muss an sechs Stellen.

Camping: 5 Zeltplätze/Wasser-
wanderrastplätze; zudem Cam-
pingplätze an den Seen, Gasthöfe.
Karte: Wassersportkarte Holsteinische Schweiz 1 : 30 000 – Auf der
Schwentine von Eutin bis Kiel

Mit dem Kanu unterwegs in der grünen Wildnis

Aufbruch an der Waterkant

Sailing City Kiel: In der Landeshauptstadt dreht sich alles um große und kleine Pötte. Auf ihrer Förde schippern riesige Fähren gegen Skandinavien, messen sich Segel-Cracks aus aller Welt bei der Kieler Woche, werden am Ufer Visionen für neues Wohnen und (Er-)Leben Wirklichkeit. Auf dem Nord-Ostsee-Kanal gleiten Container-Riesen und Luxusliner durch ein sanft gewelltes Hinterland, das mit drei Naturparks lockt.

Blick auf die Kieler Innenförde: Am Westufer breitet sich das Stadtzentrum aus, am Ostufer liegt die größte deutsche Werft (HDW).

Historischer Mittelpunkt der Altstadt von Kiel ist der von
Cafés und Restaurants gesäumte Alte Markt.

Von der Hörnbrücke sieht man auf den Schwedenkai mit der dort
anlegenden Fähre nach Schweden (StenaLine).

Im Restaurant Vapiano sitzt man mit Blick
auf die Hörnbrücke.

Am Kleinen Kiel-Kanal erheben sich
der Rathausturm und die Oper.

„Waterfront Development" heißt nun auch in Kiel die Devise: Die Revitalisierung ehemaliger Hafen- und Industrieflächen für Gewerbe, Arbeit und Freizeit liegt im globalen Trend.

Die Vision ist klar: Kiel soll eine soziale, kinderfreundliche, kreative und innovative Klimaschutzstadt sein. Mit dem Integrierten Stadtentwicklungskonzept Kiel (INSEKK) als Leitlinie der künftigen Stadtentwicklung gaben die Ratsherren im Februar 2011 den Startschuss zu einem Strukturwandel, der die Landeshauptstadt in den nächsten Jahren und Jahrzehnten völlig verändern wird.

Innenstadt am Wasser

Überall wird gebaut und gebaggert, um die gealterte Innenstadt aufzuwerten und stärker an die Förde anzubinden. Am schönsten wird eine maritime Oase sein, die sich die selbst ernannte Sailing City Kiel schenkt: der Kleine Kiel-Kanal, eine neue, 200 Meter lange Wasserverbindung zwischen dem Kleinen Kiel und dem Bootshafen – mit Treppen zum Sitzen für „Sehleute", die die ersten Segelversuche vom Nachwuchs im Opti verfolgen, während Skandinavienfähren auf der Förde vorbeiziehen.

Die Kieler Innenstadt erstreckt sich am Westufer der Förde. Ans Ostufer verirrte sich jahrzehntelang kaum ein Passant. Dort lagen die Werften, brummte der Hafen, arbeiteten Industriebetriebe. Nun hat auch dieses Gebiet ein globaler Trend erfasst, der in den 1980er-Jahren begann, Hamburg die HafenCity be-

scherte und in Kiel Kai-City heißt: Waterfront Development – die Revitalisierung ehemaliger Hafen- und Industrieflächen für Gewerbe, Arbeit und Freizeit. Saniert und erschlossen sind die 25 Hektar am Germania-Hafenbecken der Innenförde schon seit Jahren, doch dann ließ die Finanzkrise Projekte platzen. Heute hat die Neuentwicklung an der Hörn wieder Fahrt aufgenommen, schließen sich die Baulücken zusehends.

Für maritimes Flair im neuen Viertel sorgen ein Museumshafen, in dem alte Schiffe instand gesetzt werden, und sanierte Hafengebäude wie die Halle 400, die die Howaldtswerke-Deutsche Werft (HDW) 1838/1839 errichtete. Umgebaut und saniert, ist die Halle, in der bis 1989 auch U-Boote vom Stapel liefen, seit 2002 ein Veranstaltungszentrum, in dem die Tattoo Convention Kunst zeigt, die unter die Haut geht, Firmen bei „Gans & Tanz" mit ihren Mitarbeitern Weihnachten feiern, Comedians das Publikum begeistern und Uni-Fachschaften bei Semester Opening Partys feiern. Sonntags pilgert man in Kiel zum Brunch ins Fuego del Sur – das argentinische Restaurant der Halle 400 besitzt die zweitgrößte Außengastronomie der Stadt mit traumhaftem Blick auf die Hörn. Seit 1997 verbindet dort die zierliche Hörnbrücke für Fußgänger, die sich bei Schiffsverkehr

So weit die Füße tragen: Spaziergänger
in der Altstadt von Kiel

Windjammerparade während
der Kieler Woche

Seebar im Seebad Düsternbrook
am Hindenburgufer

Jubel, Trubel, Heiterkeit: Claudi, Kati & friends feiern auf der Kieler Woche nicht nur mit Dosenbier, sondern auch mit gefährlich grün aussehenden Getränken.

Special

E.ON Hanse Cup

Eisenhartes Ruderrennen

Jeweils im September trifft sich die internationale Elite des Rudersports in Rendsburg zum härtesten und längsten Ruderrennen der Welt.

Austragungsort ist die meistbefahrene Schifffahrtsstraße der Welt: Seit der Jahrtausendwende endet am „Kiel Canal", wie der Nord-Ostsee-Kanal international genannt wird, die Rudersaison mit einem Top-Event, das Achterteams aus aller Welt und Hunderttausende Zuschauer anlockt: der SH Netz Cup (www.shnetzcup.de). Gerudert wird über eine Distanz von 12,7 Kilometer. Der Startschuss fällt in Breiholz. Vorbei an der Lotsenstation Rüsterbergen und der Weiche Schülp wird gerudert, so schnell es geht – mit Geschwindigkeiten von mehr als 20 Kilometern pro Stunde. Ziel ist die Eisenbahnhochbrücke in Rendsburg. Nach elf Jahren wurde der Deutschland-Achter mit Steuermann Martin Sauer 2015 geschlagen: Der National-Achter aus Großbritan-

Deutschland-Achter: hoffentlich siegreich

nien war knapp 18 Sekunden schneller als die Deutschen. Dritter wurden die Niederlande vor den USA.

Beim größten Rudersportfest in Deutschland ist auch gute Unterhaltung garantiert. Auf der Bühne unterhalb der Rendsburger Hochbrücke sorgen Bands für beste Partystimmung, auf der Hafenmeile wird open air geschlemmt und geschwoft, während im Rendsburger Kreishafen längst ein zweiter Wettbewerb begonnen hat: der Drachenboot Fun Cup.

faltet, das Hafenviertel mit der Innenstadt. Etwas länger, aber nicht minder schön ist der Weg auf der neuen Uferpromenade um die Hörn. Nördlich des Germaniahafens sollen in den nächsten Jahren Wohnungen und Läden gebaut werden in Höfen, die sich zum Wasser öffnen. Auch weiter die Förde hinauf ist Kiel vom Wertewandel an der Waterkant erfasst.

Dort, wo die Schwentine in die Förde mündet, wurden die historischen Brücken wieder Schmuckstücke, wandelte sich der schmuddelige Lunaplatz zum grünen Balkon, sind die Uferstraßen nun Wanderwege mit Weitblick.

Möglich werden die Infrastruktur- und Bauprojekte durch den Boom der Ostseeregion, der mit dem Fall des Eisernen Vorhanges begann. Die politischen Veränderungen gaben Kiel – wie auch Lübeck – einen Wirtschaftsraum zurück, mit dem beide Städte seit Jahrhunderten nicht nur gehandelt, sondern sich auch kulturell ausgetauscht und befruchtet haben. Heute agiert Kiel als Wirtschaftsstandort dort nicht mehr allein, sondern hat sich mit den Kreisen Rendsburg-Eckernförde und Plön sowie der kreisfreien Stadt Neumünster zur Technologie-Region K.E.R.N. zusammengeschlossen – mit 700 000 Einwohnern Heimat eines Viertels der Bevölkerung des nördlichsten Bundeslands.

Einsam steht und wacht: eine Möwe im Hafen des Ostseebads Laboe am Ostufer der Kieler Förde

Backe, backe Kuchen: Strandleben
im Ostseebad Laboe

Weithin sichtbar an der Kieler Außenförde: der
85 Meter hohe Turm des Marine-Ehrenmals

Immer am Kanal entlang: Zweiradvergnügen zu zweit

Schiffe auf der grünen Wiese

Kiel ist der nordöstliche Endpunkt des Nord-Ostsee-Kanals, der seit Juni 1895 Kreuzfahrtlinern, Containerriesen, Schuten und Segelbooten den 900 Kilometer längeren Weg um Jütland erspart. Rund 40 000 Schiffe passieren jedes Jahr in sieben bis neun Stunden die nur ein Zehntel so lange Abkürzung. Rund um die Uhr gleiten sie durch die beiden Doppelschleusen, die bei Kiel-Holtenau und Brunsbüttel an der Elbmündung den Tidenhub von fünf Metern ausgleichen. Als ihre Schleusenwärter 2013 streikten, legten sie mit einem Schlag die Wirtschaft von zwei Bundesländern lahm – jeder dritte Container, der in Hamburg abgeladen wird, reist auf kleinen Feeder-Schiffen durch den Kanal weiter nach Osteuropa. Der Streik erzielte die gewünschte Wirkung: Nun werden die Schleusen am Kanal bei laufendem Betrieb saniert. 375 Millionen Euro ließ der Bund für eine große fünfte Schleusenkammer bei Brunsbüttel springen, durch die ab 2020/2021 die großen Pötte fahren, damit danach die alten Doppelschleusen in Ruhe saniert werden können.

Bei der nicht ganz ungefährlichen Passage durch den Kanal hilft Hightech. Kapitäne aus aller Welt berechnen die optimale Route längst am Rechner und steuern ihren Kahn mithilfe von GPS. Nähern sich zwei Riesen, wartet ein Schiff in einer der Parkbuchten am Kanal. Am Ufer folgt die NOK-Radroute als Teil der 250 Kilometer langen deutschen Fährstraße von Kiel bis nach Bremervörde an der Oste der Parade der schwimmenden Giganten, die 43 Kilometer hinter Kiel in Rendsburg die Rendsburger Hochbrücke erreichen, eine imposante eiserne Lady, 42 Meter hoch und 16 700 Tonnen schwer, unter der (an langen Stahlseilen hängend) seit

Kiel ist der nordöstliche Endpunkt des Nord-Ostsee-Kanals.

1913 eine kleine, weiße Schwebefähre zwischen Rendsburg und dem südlichen Oberrönfeld hin- und herpendelt.

Hügel mit Knick

Während die Radroute entlang des Kanals sich familienfreundlich flach zeigt, ist nur wenige Kilometer nördlich vom Kanal im Naturpark Hüttener Berge Kondition gefragt. Fast 106 Meter hoch schwingt sich der Scheelsberg dort auf – und macht die Hüttener Berge zu Deutschlands nördlichstem Höhenzug über 100 Meter. Berühmter ist der Aschberg, der von seinem 97 Meter hohen Gipfel Ausblicke auf eine Landschaft voller Wallhecken eröffnet, die hier „Knicks" heißen. Diese wurden als natürlicher Windschutz immer nach dem gleichen Prinzip angelegt: Ein kleiner, rund einen Meter hoher Wall aus Feldsteinen und Erde wurde mit Haselnuss, Birke, Schwarzerle und anderen strauchartigen Gehölzen bepflanzt, den restlichen Bewuchs überließ man der Natur. Um die Höhe der Hecken zu begrenzen, wurden Äste, Sträucher und junge Bäume regelmäßig geknickt – daher der Name. Damit keine Rehe, Schafe, Kühe oder anderes Vieh die grüne Wand abfraßen, pflanzten die findigen Bauern Dorniges hinein – Heckenrosen, Brombeeren, Schlehdorn. Flurbereinigung, Industrialisierung und größeres landwirtschaftliches Gerät dezimierten die Wallhecken, doch heute schreibt das Landesnaturschutzgesetz in jenen Gegenden, wo sie landschaftsprägend sind, eine Knickdichte von 60 laufenden Metern je Hektar vor. Die Tierwelt atmet auf, leben doch auf einem Kilometer Knick rund 1800 Arten.

KIELER WOCHE

Voll im Wind

Die Kieler Woche, die seit mehr als 120 Jahren in Schleswig-Holsteins Landeshauptstadt gefeiert wird, ist ein Event der Superlative: eines der größten Segelsportereignisse der Welt und das größte Sommerfest Nordeuropas.

Mehr als drei Millionen Besucher kommen zur Festwoche an die Förde, die alljährlich in der letzten Juniwoche beginnt. Zwei Tage vor dem Startschuss zu den Segelwettbewerben beginnt bereits der Soundcheck auf den Bühnen der Kieler Innenstadt: Entlang der Kiellinie und dem Willy-Brandt-Ufer sind Stände aufgebaut; auf dem Rathausplatz und in der Fußgängerzone werden auf dem Internationalen Markt Spezialitäten aus aller Welt angeboten. Und während das Volk bereits an der Förde feiert, treffen die Gäste ein: 6000 Segler aus 50 Nationen, das Diplomatische Corps, Städtedelegationen aus dem In- und Ausland und Marineeinheiten aus aller Welt.

Die Zuschauer sind live dabei

Die offizielle Eröffnung erfolgt am Samstagabend um 18.30 Uhr auf der Bühne am Rathausmarkt mit der Rede des Ministerpräsidenten, die mit dem traditionellen „Anglasen" endet: Lang – kurz-kurz – lang – vier brummend tiefe Töne aus dem Schiffstyphon verkünden in der ganzen Stadt: Die Kieler Woche hat begonnen. Deren sportliches Herz schlägt im Olympiazentrum Schilksee – hier beginnen die Segelregatten in zehn olympischen und 16 internationalen Bootsklassen. Was auf den zehn Regattabahnen gerade passiert, kann man auf dem Kieler-Woche-TV-Sender täglich von 11.30 bis 17.30 Uhr live verfolgen. Hautnah lässt sich das Geschehen auf dem Freideck oder wettergeschützt hinter den großen Panoramascheiben der „MS Hamburg" erleben, die als einziges Begleitboot bei den Rennen zugelassen ist. An Bord kommentiert ein Segeljournalist die Ereignisse. Geradezu winzig wirkt das offizielle Kieler-Woche-Boot inmitten der Windjammer, deren Rendezvous zu den Höhepunkten des maritimen Programms gehört. Angeführt vom deutschen Segelschulschiff „Gorch Fock", verabschieden sich bei der Parade am zweiten Sonnabend um 11.00 Uhr jährlich mehr als 100 Traditionssegler. Zeitgleich zur Windjammerparade findet ein zweiter Klassiker statt: das Kutterpullen. Kutter sind Nachbauten der Rettungsboote von Segelschiffen – und längst nicht so schnittig wie Jachten, sondern schwerfällige Kolosse: 5,5 Meter lang und 1,5 Tonnen schwer! Einen Kilometer lang ist die Renndistanz – ein wahrer Kraftakt für die fünf bis acht Teams, die jeweils gleichzeitig gegeneinander im Hafenbecken antreten. Abends lässt man es gern krachen: mit Lasershows und Höhenfeuerwerken, bis am letzten Sonntag um 23.00 Uhr ein „Sternenzauber" die Kieler Woche verabschiedet.

Die Windjammerparade (oben) ist eines der Top-Events der Kieler Woche, die auch als (Volks-)Fest für die ganze Stadt fungiert.

Auf der Kieler Woche trifft man sich, schaut sich die Regatten an und feiert zusammen.

Auskunft & Adresse

....

Landeshauptstadt Kiel
Amt für Wirtschaft – Kieler-Woche-Büro
Postfach 1152, 24099 Kiel
Info-Hotline: 0431 90 19 05
www.kieler-woche.de

Die Landeshauptstadt und ihre Förde

In der Landeshauptstadt dreht sich alles um die Förde. Werften, Hafen, Strandbäder und schmucke Villen liegen am Arm der Ostsee, auf dem nicht nur zur Kieler Woche gesegelt wird. Schiffe gleiten den Nord-Ostsee-Kanal hinauf nach Rendsburg, dessen Hinterland drei Naturparks birgt – amphibische Paradiese mit Mooren, Seen und Hügeln.

1 – **15** Kiel

Graf Adolf IV. gründete 1233 die heute nördlichste Großstadt Deutschlands (243 000 Einw.), die als Endpunkt des Nord-Ostsee-Kanals, Veranstalter der **Kieler Woche** TOPZIEL und Standort der Deutschen Marine bekannt ist.

SEHENSWERT

Kiel erlebt ein Facelifting, bei dem Bausünden rückgebaut und historische Aspekte betont werden – wie etwa beim **1** **Hauptbahnhof**. Über die Einkaufszentren **Sophienhof** und **Holstentörn** wird auf der Holstenstraße der **Alte Markt** erreicht, wo bereits 1949 **2** **St. Nikolai** mit bronzenem Tauffass in der Pommernkapelle wiederaufgebaut wurde. In den 1990er-Jahren folgte der teilweise Wiederaufbau des **3** **Kieler Klosters**, in dem der Stadtgrün-

Abendstimmung auf der Hörnbrucke in Kiel (oben), Barlachs „Geistkämpfer" vor der Nikolaikirche (rechts)

der bis zu seinem Tod als Ordensmann lebte. Dem Campanile von Venedig nachempfunden wurde der 106 m hohe **4** **Rathausturm**.

KUNST & KULTUR

Bei der Museumsnacht (www.museumsnacht-kiel.de) Ende August öffnen 23 Häuser und Schiffe von 19.00 bis 24.00 Uhr für nächtliche Erkundungen. Werke z. B. von russischen Wandermalern des 19. Jhs. sowie die größte Werkschau des Malers Christian Rohlfs lassen sich in der **5** **Kunsthalle zu Kiel** hoch über der Förde entdecken (Düsternbrooker Weg 1, Tel. 0431 880 57 56, www.kunsthalle-kiel.de, Di.–So. 10.00–18.00, Mi. bis 20.00 Uhr, Erw. 7 €). Originale und Abgüsse von Skulpturen antiker Kulturen des Mittelmeerraums stellt die **Antikensammlung** in der Kunsthalle aus. Zeitgenössisches aus dem Ostseeraum sowie von Absolventen der Muthesius-Kunsthochschule präsentiert die **6** **Stadtgalerie** (Andreas-Gayk-Str. 31, Tel. 0431 901 34 00, www.kiel.de, Di., Fr. 10.00–17.00, Mi., Do. 10.00–20.00, Sa./So. 11.00–17.00 Uhr, Erw. 3 €). An ihr Foyer angedockt ist die Produzentengalerie PRIMA KUNST von Studierenden der Kunsthochschule (prima

kunst.info, Di.–Fr. 10.00–17.00, Do. bis 19.00, Sa./So. 11.00–17.00 Uhr, Eintritt frei). Das Kieler **Stadt- und Schifffahrtsmuseum** hat vier Standorte. Die Stadt- und Kulturgeschichte seit dem 19. Jh. wird im **7** **Warleberger Hof** (Dänische Str. 19, Tel. 0431 901 34 25, www.kiel.de, Mitte April–Mitte Okt. tgl. 10.00–18.00, sonst Di.–So. 10.00–17.00 Uhr, Erw. 3 €) ausgestellt. Wie Hafen, Werft und Marine sich entwickelten, erzählt die **8** **Schifffahrtssammlung** (Wallstr. 65, Tel. 0431 901 34 28) in der Fischhalle von 1910. Die Sammlung ergänzen der **Tonnenleger „Bussard"**, das **Feuerlöschboot „Kiel"** und das **Seenotrettungsboot „Hindenburg"**. Ein Schreibwarengeschäft aus dem 19. Jh., historische Maschinen und Schiffsmodelle gehören zu den Schätzen des neuen Schaudepots des Museums im Wissenschaftspark der Universität. Ein Heringsschwarm und Seehunde, die Sa.–Do. um 10.00 und 14.30 Uhr im Außenbecken gefüttert werden, sind Publikumsmagneten des **9** **GEOMAR** (Düsternbrooker Weg 20, Tel. 0431 600 16 37, aquarium-geomar.de, April bis Sept. tgl. 9.00–19.00, Okt.–März 9.00–17.00 Uhr, Erw. 3 €). In 16 Becken stellt das Helmholtz-Zentrum für Ozeanforschung dort das Le-

---

Tipp

Landpartie

Mit der Museumsbahn lässt sich das weitläufige Areal des **15** Freilichtmuseums Molfsee am einfachsten entdecken: 60 Bauernhäuser, Katen, Scheunen und Windräder, Werkstätten sowie alte Nutztierrassen machen das Landleben von einst höchst anschaulich.

Hamburger Landstr. 97, Molfsee, Tel. 0431 65 96 60, www.schloss-gottorf.de/molfsee, April–Okt. tgl. 9.00–18.00, Nov.–März So. 11.00–16.00 Uhr, Erw. 8 €

ben in Nord- und Ostsee und tropischen Gewässern vor. Mit 13 Skeletten rühmt sich das ⑩ **Zoologische Museum** der artenreichsten Walausstellung Deutschlands. Aus der Tiefsee werden Vipernfische und ein Riesenkalmar ausgestellt (Hegewischstr. 3, Tel. 0431 880 51 70, www.zoologisches-museum.uni-kiel.de, Di.– Fr. 9.00–17.00, Sa. 10.00–17.00, So. 12.00–16.00 Uhr, Erw. 4 €). Nierentische, Tütenlampen, Cocktailsessel: Das **50er Jahre Museum Kiel** (Mecklenburger Str. 58, Tel. 0431 389 08 50, www.50er-jahre-museum-kiel.de, April–Juli tgl. 10.00–19.00 Uhr, Erw. 6 €) lässt in 15 Szenen mit Originalexponaten alte Zeiten aufleben. Das **Theater Kiel** bespielt drei Bühnen: das ④ **Opernhaus** am Kleinen Kiel (Rathausplatz 4) mit der 2013 eingeweihten „Milchstraße" als kleiner Bühne, das ⑪ **Schauspielhaus** (Holtenauer Str. 103) und das **Theater im Werftpark** für Kinder- und Jugendtheater (Vorverkauf Tel. 0431 90 19 01, www.theater-kiel.de). Mit plattdeutschen Komödien unterhält die ⑫ **Niederdeutsche Bühne** (Wilhelmplatz 2, Tel. 0431 177 04, www.nbkiel.org). Existenzielle menschliche Probleme kommen im ⑬ **Polnischen Theater** (auf Deutsch) auf die Bühne (Düppelstr. 61 a, Tel. 0431 80 40 99, www.polnisches-theater-kiel.de). Wo einst Abwässer in die Förde befördert wurden, sorgt heute die ⑭ **Pumpe** mit Konzerthalle, Kino und Kneipe für ein Kulturprogramm (Haßstr. 22, Tel. 0431 200 76 40, www.diepumpe.de).

UNTERKÜNFTE & RESTAURANTS

Als Pionier für nachhaltigen Tourismus wurde das € € / € € € **Hotel Birke** ausgezeichnet. Seine 82 Zimmer sind nordisch-modern; Erholung bieten Dampfbäder und Bernsteinmassagen im Spa. Ein Restaurant gehört auch dazu (Martenshofweg 8d, 24109 Kiel, Tel. 0431 533 14 35, www.hotel-birke.de).

Tipp

Nord Art

....

Von Juni bis Oktober verwandelt sich das Gelände der Carlshütte in ⑲ **Büdelsdorf** nördlich von Rendsburg zur Sommerausstellung zeitgenössischer Kunst: 230 Künstler aus 55 Ländern stellen bei der Nord-Art (www.nordart.de) im gewaltigen Hallenschiff der Eisengießerei, in der ACO Remise und im Skulpturenpark ihre Werke aus.

Im früheren Clubhaus der Kieler Kaufmannschaft verwöhnt das Romantik-Hotel € € € / € € € € **Kieler Kaufmann** mit Landhaus-Luxus, leicht-leckerer Küche im Parkrestaurant und Wellness (Niemannsweg, 24105 Kiel, Tel. 0431 881 10, www.kieler-kaufmann.de). Das **Parkcafé** mit Norddeutschlands größtem Biergarten ist Kult – ob wegen der guten Küche der € / € € **Forstbaumschule**, der Live-Sportübertragungen oder der Konzerte und Lesungen (Düvelsbeker Weg 46, Tel. 0431 33 34 96, www.forstbaumschule.de). Kaffee und Kuchen direkt an der Kiellinie kann man im trendig-gemütlichen € / € € **LOUF** (Reventloualle 2, Tel. 0431 55 11 78, www.louf.de) genießen.

UMGEBUNG

Die Schlepp- und Fährgesellschaft Kiel (www.sfk-kiel.de) schippert von Kiel vorbei an den Anlegern Seegarten, Reventlou, Bellevue, Mönkeberg, Möltenort und Friedrichsort bis nach Laboe. Im Sommer werden auch Falckenstein, Schilksee und Strande angelaufen.

INFORMATION

Tourist-Information Kiel Andreas-Gayk-Str. 31, 24103 Kiel, Tel. 0431 67 91 00, www.kiel-sailing-city.de

⑯ Laboe

Vor der Haustür die Förde, um die Ecke die Ostsee, im Hinterland die Wälder und Felder der Probstei: Dieser Mix macht Laboe (4900 Einw.) zu einem beliebten Urlaubsort. Fähren nach Kiel bieten Abwechslung vom Nichtstun am 20 km langen Sandstrand.

SEHENSWERT

Wahrzeichen ist das **Marine-Ehrenmal** (1927), das an Gefallene beider Weltkriege erinnert und zu dem neben dem Steinturm eine unterirdische „Historische Halle" mit Schiffsmodellen und Geschichtsexponaten gehört. Welche qualvolle Enge an Bord eines U-Bootes herrscht, verrät das U 995, das bei Blohm + Voss 1943 in Hamburg gebaut wurde (www.deutscher-marinebund.de, April–Okt. 9.30–18.00, Nov.–März 9.00–16.00, Erw. 6 €, U-Boot 4,50 €, Kombikarte 9,50 €). Was ein Seestern frisst, verrät der Besuch der **Meeresbiologischen Station Laboe** (Strand 1, Tel. 0434 42 93 21, www.meeresbiologie-laboe.de, April–Okt. Di.–So. 11.00–18.00, Nov.–März Do.–So. 11.00–18.00 Uhr, Erw. 6 €). Mit der Fähre geht es über die Förde zum Leuchtturm Strande-Bülk (zur Besteigung im Café am Seezeichen Petra Jarray fragen!).

UNTERKUNFT & RESTAURANT

Von einfach bis komfortabel reicht die Palette im € / € € **Hotel Admiral**, dessen „Heimathafen" nordisch-frische Seemannsküche auftischt (Strandstr. 92, 24235 Laboe, Tel. 04343 427 00, www.admiral-scheer.net).

INFORMATION

Tourismusbetrieb, Börn 2, 24235 Laboe Tel. 04343 42 75 53, www.laboe.de

Marine-Ehrenmal in Laboe (oben), Fußgängerfähre über den Nord-Ost-see-Kanal in Kiel-Holtenau (unten)

⑰ Schönberg

„Schöne Grüße aus Brasilien" oder „aus Kalifornien" kann man hier auf Postkarten schreiben – so heißen die beliebtesten Strände des Ostseebads (6000 Einw.).

MUSEEN

Die gesellschaftlichen Einflüsse auf die Kindheit seit 1890 sind Thema im **Kindheitsmuseum** (Knüllgasse 16, Tel. 0434 468 65, www.kindheitsmuseum.de, Mai So. 14.00–17.00, Juni–Okt. Di. bis So. 14.00–17.00, Do. auch 10.00–12.00 Uhr, Erw. 2 €). Der als **Probstei-Museum** restaurierte Hof Götsch lässt mit niederdeutschem Fachhallenhaus und Bohlenspeicher die Lebenswelt vor 100 Jahren auferstehen (Ostseestr. 8, Tel. 0434 431 74, www.probstei-museum.de, Mitte März–April Sa./So. 14.00–17.00, Mai bis Okt. Di.–So. 14.00–17.00, Do. auch 10.00 bis 12.00, Nov. So. 14.00–17.00 Uhr, Erw. 2 €).

UNTERKUNFT & RESTAURANT

16 Zimmer und Fisch aus eigenem Fang im Lokal bietet das € € **Seestern** (Seesternweg 9, 24217 Kalifornien, Tel. 0434 41 46, www.fischrestaurant-kiel.de).

INFORMATION

Tourist-Service, Käpt'n Gang 1, 24217 Schönberger Strand, Tel. 0434 44 14 10, www.schoenberg.de

⑱ – ㉒ Rendsburg

Wo Holstein auf Schleswig trifft, versteht sich eine 1150 gegründete Siedlung auf einer Eiderinsel als „heimliche Hauptstadt": Rendsburg (27 300 Einw.).

SEHENSWERT

Eine aufs Pflaster gepinselte blaue Linie verbindet 30 Sehenswürdigkeiten: Der 3,2 km lange Stadtspaziergang beginnt beim **Glockenspiel** am **Alten Rathaus** (1566), das von 10.00 bis 20.00 Uhr alle zwei Stunden über den **Altstädter Markt** ertönt. Ältestes Bauwerk der Stadt ist **St. Marien** (1287). Auf den ab 1852 geschliffenen Festungsanlagen der Stadt erstreckt sich heute der Stadtpark. Kernstück des barocken Neuwerks von 1690/1695 ist der Paradeplatz mit strahlenförmig nach Süden abgehenden Straßen und Bauten wie der **Christkirche** (1700). Hinter dem Paradeplatz wurde auf Initiative des Rendsburger Verschönerungsvereins ab 1861 der Kindergarten am Stadtsee angelegt, wo Kindermädchen mit ihren Wagen flanieren konnten. Die **Weiße Brücke** verbindet seitdem Park und Altstadt. Über den Nord-Ostsee-Kanal führt eine 68 m hohe Eisenbahnhochbrücke aus Eisen, die zum 100-jährigen Bestehen 2013 eine nächtliche Illumination des Lichtkünstlers Till Nowak mit zwei Dutzend Strahlern und ständig wechselnden Farben erhielt. Unter der Brücke pendelt eine Schwebefähre zwischen den Ufern. Mit Nationalhymne und Dippen der Flagge heißen die Kapitäne der Schiffsbegrüßungsanlage im **Café Brückenterrassen** die schwimmenden Giganten auf dem Kanal willkommen (www.brueckenterrassen.de).

MUSEEN

Die Sammlung des **Jüdischen Museums** in einer Synagoge aus dem 19. Jh. stellt die jüdische Religion und Kunst sowie die Geschichte der Juden in Schleswig-Holstein vor (Prinzessinstr. 7–8, Tel. 0433 12 52 62, www.schloss-gottorf.de/juedisches-museum, Di.–So. 12.00–17.00 Uhr, Erw. 5 €). Das kleinste Röhrenradio der Welt und anderes zeigt das **Elektromuseum** des Schleswig-Holstein Netz (Stormstr. 1, www.elektromuseum-rendsburg.de, Tel. 0433 118 24 84, Di. 10.00–12.00, 14.00–16.00 Uhr, Eintritt frei).

UNTERKUNFT & RESTAURANT

Von den Ferienwohnungen des € € **Lotsenhauses** können Sie den Lotsenwechsel am Nord-Ostsee-Kanal erleben (Rüsterbergen 2, 24813 Schülp). Sie gehören zum Landhotel Ahoi, wo es im € € **Café** köstliche Torten gibt (Meckelmoor 3a, 24797 Breiholz, Tel. 04875 90 27 77, www.ahoi-hotel.de).

UMGEBUNG

Ein gelber Pfeil, grün umrandet, ist das Zeichen des 117 km langen Naturparkwegs (www.wanderverband-norddeutschland.de), der drei Naturparks bei Rendsburg verbindet. Der **20 Naturpark Hüttener Berge** (www.naturpark-huettenerberge.de) lockt mit Rundblicken vom Aschberg. Moore, Teiche und Quellen prägen die Landschaft im **21 Naturpark Aukrug** (www.naturpark-aukrug.de). Herz des **22 Naturparks Westensee** ist der Westensee (www.tourismus-naturpark-westensee.de).

INFORMATION

Tourist-Information Nord-Ostsee-Kanal, www.tinok.de

DuMont Aktiv

Radtour durch das Maritime Viertel

Vom Liegeplatz der Gorch Fock bis zum Lotsenhafen hinterm Leuchtturm: Folgen Sie der Kieler Kulturmeile und entdecken Sie radelnd die maritimen Schätze an beiden Ufern des Nord-Ostsee-Kanals!

Start der Tour, die größtenteils eben verläuft und auch von kleineren Kindern gut bewältigt werden kann, ist am Hindenburgufer, wo hinter dem Mastenwald der Sportboote an der Tirpitzmole stolz das Segelschulschiff „SS Gorch Fock" aufragt und eine bewusst rostige Skulptur aus Schiffsstahl die Orchideenwiese schmückt.

Vorbei an dem ehemaligen Marinehochbunker „Flandernbunker" und dem Anscharpark, der sich vom Marinelazarett zum Wohnpark wandelte, erreichen Sie die alte Garnisonskirche St. Petrus. Amüsiermeile der Marinesoldaten war einst die Adalbertstraße, die heute das Flair von einst mit den Trends von morgen mixt. Unbedingt anhalten sollten Sie auch beim Schleusenpark, der hoch über dem Kanal herrliche Aussichten bietet. Vorbei am Maschinenmuseum Wik und der Nordmole am Scheerhafen fährt man mit einer Personenfähre nach Holtenau hinüber ans andere Ufer, wo auf dem alten Eider-Canal bis heute Holzstämme geflößt werden. Zurück geht's zum Tiessenkai mit seinen alten Seglern und dem Schiffercafé, hin zum Leuchtturm, weiter zum Lotsenhafen und bis zur Holtenauer Reede, wo Sie beim Sprung ins kühle Nass der Seebadeanstalt Schweiß und Staub der Tour abspülen können.

Weitere Informationen

Route: Die Strecke verläuft vorwiegend auf Rad- und Kieswegen sowie kleinen Straßen

Zeitdauer/Länge: Entlang der 7 km langen Strecke locken zahlreiche Besichtigungen, Aufstiege und Aussichten – lassen Sie sich gut einen halben Tag lang Zeit dafür!

Infos zur Strecke und zur Kulturmeile: www.maritimes-viertel.de

Sightseeing mal anders: Mit dem Drahtesel lassen sich einige Teile Kiels wunderbar erkunden.

Von Wikingern und Landärzten

Im äußersten Nordosten schlängelt sich mit der Schlei der längste und schmalste Meeresarm der Ostsee 42 Kilometer weit ins Land. Er erschließt eine Region, in der Wikinger und Wildpferde daheim sind, der Fernseh-Landarzt wirkte, Deutschlands kleinste Stadt Romantik versprüht und ein Megamuseum zur Nostalgiefahrt im Globus lädt.

Durchblick: auf den Hafen und den Dom
von Schleswig an der Schlei

Moderne Kunst außen und kirchliche Kunst im Inneren zeigt das Landesmuseum Schloss Gottorf in Schleswig (oben und unten links). Bei den Wikingertagen in Schleswig präsentieren auch Gaukler ihre Kunst (oben rechts). Dörfliche Idylle strahlt das Fischerviertel Holm am Rand der heutigen Altstadt von Schleswig aus. Früher lag dieses Viertel auf einer Insel (dänisch: Holm) in der Schlei.

Die Kulisse ist vertraut: eine sanft geschwungene Landschaft, Hügel an Hügel, auf Wiesen weiden Schwarzbunte oder das rote Angler Rind, Häuser mit rotem Klinker und Reetdach ducken sich unter dem dichten Blätterdach von Kastanien und Linden: Willkommen am Set des Landarztes! 26 Jahre lang, von 1987 bis 2013, begeisterte die Vorabendserie im ZDF Millionen Zuschauer und machte Kappeln und sein Umland (als „Deekelsen") bundesweit berühmt. Der alte Fischerort erlebte einen Besucher-Boom, Landarztfans pilgerten in Scharen zu den Drehorten, knipsten die spätbarocke Kirche St. Nikolai, marschierten in der Fußgängerzone zu Asmussens Kneipe im Hotel Aurora und vorbei an schmucken Häusern, deren

Haithabu wurde aufgegeben – damit begann die große Zeit Schleswigs.

Baustil und Farbe das dänische Erbe bezeugen. Ihren Namen Angeln erhielt die abgeschiedene Region jedoch nicht von den Dänen, sondern von einem anderen (nordgermanischen) Volk: eben den Angeln. Warum sie hier im Jahr 450 alles stehen und liegen ließen, ist bis heute so rätselhaft wie die vielen Legenden, die den Aufbruch zu erklären versuchen. Erst zu Fuß, dann mit geklinkerten Booten, machten sie sich gen Westen auf, bis sie eine Insel erreichten, die seitdem ihren Namen trägt: England, das Land der Angeln. 774 ernannte sich ihr legendärer König Offa dort zum ersten englischen Monarchen. Bereits 550 war die historische Region Angeln zwischen Förde und Schlei fast menschenleer. Erst Jahrzehnte später siedelten sich Dänen und Jüten auf der Halbinsel an, errichteten Höfe, gründeten Dörfer und Siedlungen.

Am inneren Ende des Ostseearms Schlei legten friesische Kaufleute im 8. Jahrhundert eine Siedlung an, die

Bunte Fachwerkherrlichkeiten:
Altstadthäuser in Eckernförde

Blaue Stunde: Abendstimmung im Hafen
von Eckernförde

Im Wikingermuseum Haithabu: Hier werden spektakuläre Funde in den historischen
Kontext der Zeit vor rund 1000 Jahren gestellt.

Frisch vom Kutter verkauft dieser Fischer in Eckernförde
seinen Fang – das Lächeln gibt's gratis dazu.

Museum Haithabu

Special

Wikinger-spuren

....

Vor 1000 Jahren war Haithabu einer der bedeutendsten Handelsplätze des Nordens.
Heute lädt dort Deutschlands einziges Wikingermuseum ein, Leben, Arbeit und Kultur der Nordmänner zu entdecken. Ein vielseitiges Veranstaltungsprogramm mit Märkten, handwerklichen Vorführungen etc. lässt den Museumsbesuch zum Erlebnis werden. Bis Frühjahr 2018 ist das Museum allerdings wegen Renovierung geschlossen (s. S. 98).

kurz darauf der dänische König höchstpersönlich übernahm und zu einem der wichtigsten Handelsplätze der Wikinger ausbauen ließ: Haithabu. Zur Blütezeit im 10. Jahrhundert lebten mehr als 1000 Menschen in der Stadt an der Kreuzung der wichtigsten Fernhandelsrouten, die ein halbkreisförmiger Wall schützte. Als Bollwerk aus 30 Erdwällen setzte das Danewerk die Verteidigungslinie nach Westen fort. Selbst Kaufleute aus Arabien kamen damals in das 24 Hektar große Haithabu, um zu handeln.

Schleswigs große Zeit

Durch die Schlei war Haithabu mit der Ostsee verbunden, durch Treene, Eider und nur 18 Kilometer Landweg mit der Nordsee. Fast 300 Jahre lang sorgte der Warenumschlag zwischen Ost- und Nordsee in Haithabu für Wohlstand. Doch in dem Jahr, als ein anderer Nordmann – Wilhelm – 1066 England eroberte, endete die Geschichte Haithabus mit einer Katastrophe: Die Slawen brannten den Handelsplatz der Wikinger nieder. Haithabu wurde aufgegeben – nur drei Kilometer entfernt begann damit die große Zeit Schleswigs. Die dortige Burg, im 12. Jahrhundert von Bischöfen auf einer Insel in der Schlei errichtet, wurde vom Mittelalter bis ins 18. Jahrhundert Hauptsitz der Herzöge von Schleswig und

Schleswig-Holstein-Gottorf. Sie machten Schleswig zur Kulturkapitale Nordeuropas. Ihre Residenz, Schloss Gottorf, bildet heute den größten Museumskomplex des Bundeslands.

Blaublütige Bauern

Auch auf der Halbinsel Schwansen zwischen Schleswig und Eckernförde betrieben Dutzende Adelige im großen Stil Landwirtschaft und schmückten ihre Güter mit herrlichen Herren- und Torhäusern. 1200 Hektar beackert Prinz Christoph zu Schleswig-Holstein heute auf Gut Grünholz, 4000 Hektar gehörten einst zum Gut Ludwigsburg, das mit der „Bunten Kammer" ein Kleinod der Kunst birgt: 145 Miniaturgemälde auf einer Vertäfelung aus Eichenholz, jedes Motiv mit eigenem Motto. Während die adeligen Gutsherren einen geradezu höfischen Lebensstil genossen und Literaten wie Herder zu Gast hatten, war das Leben für die Landbevölkerung als Leibeigene hart. Schon mit sechs Jahren begann ihr Arbeitseinsatz auf dem Gut – alt wurde kaum jemand. Heute hat ein Hightech-Maschinenpark die menschliche Arbeitskraft auf den Gütern in vielen Bereichen fast völlig ersetzt. Wo einst mehr als 100 Menschen lebten und arbeiteten, wohnt heute nur noch eine Familie. Nutzlos geworden sind dadurch

Das Hotel Aurora in Kappeln gehörte zu den Drehorten der TV-Serie „Der Landarzt".

Arnis, auf einer Halbinsel in der Schlei gelegen, gilt mit seinen rund 300 Einwohnern als kleinste Stadt Deutschlands.

Kutschfahrt durch das auch für den Vogelzug bedeutende Naturschutzgebiet Geltinger Birk

Hofläden und Hoffeste haben Hochkonjunktur, Hochzeiten im herrschaftlichen Ambiente sind en vogue, Weihnachtsmärkte und Musikfeste vor historischer Kulisse besonders beliebt.

auch viele Gebäude der Güter. Doch den Abriss verbietet der Denkmalschutz. So setzen heute viele Güter nicht nur auf die Landwirtschaft, sondern auf Diversifikation. Davon profitiert der Tourismus: Hofläden und Hoffeste haben Hochkonjunktur, Hochzeiten im herrschaftlichen Ambiente sind en vogue, Weihnachtsmärkte und Musikfeste vor historischer Kulisse besonders beliebt.

Urlaubsziel Gesundheit

„Alt werden ist nichts für Schwächlinge", soll die Schauspielerin Bette Davis einmal gesagt haben. Darauf setzt Damp – das Ostseebad gehört zu den Pionieren im Gesundheitstourismus. Als der Ferienpark an der Ostsee im Jahr 1973 eröffnet wurde, bevölkerten vor allem Familien, Kegelclubs und Jugendgruppen die Bettenburgen von „Damp 2000". 1997/1998 entschied sich die Damp Holding AG als Betreiber gemeinsam mit der Kommune und dem Land Schleswig-Holstein für eine Neuorientierung und ein Facelifting der Ferienanlage. Als Macher für das ambitionierte Wertverbesserungsprogramm holte man einen Manager aus dem Ostseebadeort Timmendorf: Frank Behrens. Auf der Damper Promenade wich nun der Waschbeton regionstypischem Backstein.

„Ganz Ich" lautet die Devise

Für die 296 Zimmer im 13-stöckigen Ostseehotel gab es neue Bäder und bessere Betten; für alle Gäste ein sportliches Angebot, das so umfangreich ist, dass es allein schon einige Kondition erfordert, dabei die Übersicht zu behalten. „Ganz Ich" heißt heute die Devise in Damp, Urlaub mit „Mir geht's gut"-Gefühl. Am Anfang reagierten die Gäste auf den Imagewechsel irritiert, doch inzwischen wurde das Konzept zum Vorbild: Die Umsätze steigen, immer mehr Urlauber wollen sich in Damp auf eine gesunde Art und Weise erholen. Und längst kommen nicht mehr nur „Silver Ager" oder „Best Ager" her, sondern auch immer mehr jüngere Gäste – Paare auf gesundheitsbewussten Flitterwochen oder Singles, ausgebrannt von Beruf oder Beziehung. In Damp tanken sie alle wieder auf, deshalb wird dort auch kräftig weiter investiert. Im Herbst 2013 öffneten die ersten komplett sanierten Ferienvillen wieder für Gäste. Seit 2014 bietet ein Entdeckerbad nordischen Badespaß mit Wikingerflair. Eine neues Restaurant schmückt die Promenade, Kinderparadies und Disko sind Freizeitangebot für Jüngere. Denn so ganz vergraulen möchte Damp seine traditionellen Familiengäste nicht – ist doch der Nachwuchs von heute der „Best Ager" von morgen.

Die leckersten lokaltypischen Delikatessen

Spezialitäten für Genießer

Vom Fischbrötchen bis zu feinsaftigem Marzipan: Entdecken Sie in Hofläden, Räuchereien, kleinen Manufakturen oder traditionsreichen Spezialitätenshops die kulinarischen Schätze der Lübecker Bucht.

② Mest Marzipan

Marzipan zum Zweiten: Saftig und frisch sollte das Marzipan werden, das Lothar Mest in den 1950er-Jahren hobbymäßig herstellte – heute sorgt Tochter Sabine dafür, dass nur aromatische Mittelmeermandeln und feinste Zutaten zur Herstellung verwendet werden. Tipp: Es gibt auch Bio- und Diabetiker-Marzipane!

Mühlenstraße 39, 23552 Lübeck, Tel. 0451 707 24 65, www.mest.de
Fabrikverkauf: Taschenmacherstr. 37, 23556 Lübeck, Tel. 0451 359 39

① Niederegger Marzipan

Ein Paradies für Marzipanfans ist das Stammhaus in der City mit seiner riesigen Auswahl im Shop und den köstlichen Torten und Kaffeespezialitäten im Café Niederegger. Der Klassiker: die Marzipantorte mit Walnuss-Sahne. Echte Fans trinken dazu einen Marzipan-Cappuccino.

Breite Straße 89, 23552 Lübeck, Tel. 0451 530 11 27, www.niederegger.de

③ Erasmi & Carstens

Marzipan zum Dritten: Edelmarzipanbrote mit nur 10 % Zucker auf 90 % Marzipanrohmasse sind die Spezialität der Firma Carstens, die seit 1845 der größte Konkurrent von Niederegger ist. Ebenfalls sehr lecker sind Carstens Katzenzungen aus Lübecker Marzipan.

Mecklenburger Str. 255, 23568 Lübeck, Tel. 0451 61 95 00, www. carstens-marzipan.de

④ Auental Imkerei

Simon, Tobi und ihre Freunde sind die Auental-Imker: ein halbes Dutzend junger Leute, die die Natur – und vor allem Bienen – lieben. 2013 bauten sie ein großes Bienenhaus im Tal der Schwartau, füllen seitdem streichzarte Früh- und Sommerblütenhonige in 500-g-Gläser und erzählen dabei ganz beiläufig Erstaunliches. Oder wussten Sie schon, dass die Bienen für den erforderlichen Nektar für jene 25-g-Portion, die man sich morgens aufs Brötchen schmiert, insgesamt 300 000 km weit geflogen sind?

Rohlsdorfer Weg 69a, 23689 Techau, Tel. 04504 27 72 95, www. facebook.com/Auental. Imkerei

5 Räucher Mattes

Schon früh am Morgen steht Ralf Matschke am Glutherd und räuchert seinen Fang, während seine Frau Sandra nach alten Rezepten und eigenen Ideen Marinaden und Salate herstellt und Fischbrötchen vorbereitet. Was soll bei Ihnen auf das Rundstück: Backfisch, Butterfisch, Schillerlocke oder doch Räucheraal?

Teichstraße 1, 23683 Timmendorfer Strand, Tel. 04503 55 48
Fischerstieg 1, 23683 Scharbeutz, Tel. 04503 55 48, www.raeuchermattes.de

6 Fischereihof Hemmelsdorf

Für 2,6 Mio. € verwandelte sich die 100 Jahre alte Fischkate Hemmelsdorf in einen Fischereihof, dessen Schmuckstücke eine gläserne Räucherei und ein Fischlokal sind, das über dem Wasser schwebt. Ein Lehrpfad lädt ein, mehr über die Natur ringsum zu erfahren, während der Nachwuchs auf dem Themenspielplatz tobt.

Seestraße 15, 23669 Timmendorfer Strand, Tel. 04503 707 87 80, www.fischereihof-fishermans-hemmelsdorf.de

7 Hof Klostersee

„Hofladen" ist untertrieben: Der Demeterhof hat im ehemaligen Maschinenschuppen einen Bio-Supermarkt eingerichtet, der neben Erzeugnissen vom Hof – Rohmilch der 50 schwarzbunten Kühe, Joghurt, Quark, pikantem Rotschmierekäse, Vollkornbrot sowie Wurst- und Fleischwaren vom Rind und Schwein – das wohl umfangreichste Naturkost-Sortiment der Region anbietet. Und da auf dem Hof ein Italiener arbeitet, sind auch Bio-Oliven und Antipasti im Angebot – und hervorragender italienischer *caffè* im Hofcafé.

Klosterseeweg, 23743 Grömitz/Cismar, Tel. 04366 517, http://klostersee.org

8 Die Meierei

Lübecks einzige Meierei ist ein Sozialprojekt für 14 Menschen mit Behinderung – und eine Topadresse für aromatische Biokäse. Im Schutzbunker einer ehemaligen Kaserne reifen Gouda, Tilsiter und andere Käsespezialitäten, die mit Knoblauch, Basilikum, Salbei, Kümmel, Pfeffer und anderen Gewürzen verfeinert wurden, mindestens sechs Wochen, bis sie ihren vollendeten Geschmack erreicht haben.

Hansfelder Hof (Vorwerker Diakonie), Sereetzer Weg 1, 23554 Lübeck, Tel. 0451 40 85 40 25, www.vorwerker-diakonie.de

Schwansen und Angeln – Schleiromantik und Ostseebrise

Östlich der Domstadt Schleswig mit ihren herausragenden Landesmuseen begeistern die beiden Halbinseln Schwansen und Angeln mit dörflichen Idyllen und naturnahen Landschaften, wie sie selten geworden sind. Deutlich mehr Trubel herrscht in den Ostseebädern Damp und Eckernförde und der Heringsstadt Kappeln.

❶ Eckernförde

Die Kleinstadt (21 800 Einw.) ist die Heimat der Kieler Sprotte. Highlights sind der 4 km lange Südstrand, der lebendige Hafen und die Altstadt. 1302 gegründet, stieg Eckernförde 1416 zum berüchtigten Seeräubernest auf. 1758 lagen 36 Kaufmannsschiffe im Hafen vertäut. 17 gehörten der Familie Otte, die mit Fabrikgründungen die Blüte der Stadt vorantrieb.

SEHENSWERT
Eine weiße Klappholzbrücke trennt seit 1872 Innen- und Außenhafen bzw. Eckernförde und Borby. Im **Hafen** verkaufen Fischer ihren Fang vom Kutter – von der Restaurantterrasse der Siegfriedswerft lässt sich das Treiben bei Original Eckernförder Kakabellen-Bier erleben. Die schönste Aussicht auf den Hafen mit beiden Leuchttürmen bietet der **Petersberg** in Borby. Dem Hauptstrand bis zur Hafenspitze folgt die 2 km lange **Strandpromenade**, an der im **Kurpark** im Sommer Kurkonzerte erklingen. Auf dessen Rasen zeigt das Kunstobjekt „Schwimmübungen" von Martin Wolke eine Meerjungfrau und einen Mann, der aufs Meer schaut. Den **Rathausmarkt** dominieren das Verlagsgebäude der Eckernförder Zeitung und das **Alte Rathaus**, heute Museum. Durch einen Schwibbogen aus Backstein geht es zum Kirchplatz mit der dreischiffigen gotischen Hallenkirche **St. Nicolai** (1210/1530). Den Hochaltar schnitzte im Jahr 1640 ein Einheimischer: Hans Gudewerdt der Jüngere.

MUSEEN
Wohnkultur, Handwerk, Gilden, Fischerei und Badeleben sind Thema im **Museum Eckernförde** (Rathausmarkt 8, Tel. 04351 71 25 47, www.museum-eckernfoerde.de, Mai–Okt. Di. bis Sa. 10.00–12.30, 14.30–17.00, So. 11.00 bis 17.00, Nov.–April Di.–Sa. 14.30–17.00, So. 11.00–17.00 Uhr, Erw. 3 €). In einem Bootshaus von 1936 zeigt Norbert Werner zeitgenössische Kunst aus dem Norden; Radierwerkstatt und Artothek ergänzen seine kleine **Galerie Nemo** (Bootshaus am Südstrand, Tel. 04351 71 25 00, www.gonemo.com, Mo.–Fr. 14.00–18.00 Uhr, Eintritt frei).

VERANSTALTUNGEN
Aalregatta an Pfingsten (www.aalregatta.de), **Sprottentage** im Juli (www.ostseebad-eckernfoerde.de/sprottentage.html), **Piratenspektakel** im August (www.ostseebad-eckernfoerde.de/piratenspektakel.html).

UNTERKUNFT & RESTAURANT
Ausblicke auf den Hafen oder die Altstadt eröffnen sich aus jedem der zehn Zimmer mit Boxspringbetten; saisonal, rustikal, aber auch international ist die Küche von Günter Sönksen im **€ € Hotel Siegfried-Werft** (Vogelsang 12, 24340 Eckernförde, Tel. 04351 757 70, www.hotel-siegfried-werft.de).

Bonbons frisch gekocht

In einer Eckernförder Räucherei von 1830 verwandelt sich im Kupferkessel Zucker in eine klebrige Masse, die sich nach Zugabe von Aromen und Gewürzen mittels Stanzen, Walzen, Kegelroller in Frucht-, Lakritz-, Krokant-, Kräuter- oder Hustenbonbons verwandelt.

INFORMATION
Frau-Clara-Str. 22, Tel. 04351 88 99 86, www.bonbonkocherei.de

Globus, Landesmuseum Schloss Gottorf

INFORMATION
Ostseebad Eckernförde Tourismusinformation Am Exer 1, 24340 Eckernförde, Tel. 04351 717 90, www.ostseebad-eckernförde.de

❷ – ❺ Schleswig

Bereits im Jahr 804 wurde Sliestorp, das heutige ❷ Schleswig (24 035 Einw.), in den fränkischen Reichsannalen erstmals erwähnt. Nordeuropas älteste Stadt stieg unter den Gottorfer Herzögen zum kulturellen Zentrum auf, wurde 1868 Hauptstadt der preußischen Provinz Schleswig-Holstein und 1945 – als Ausgleich für den Hauptstadtverlust an Kiel – zum Justiz- und Kulturzentrum des Bundeslandes.

SEHENSWERT
Der **St.-Petri-Dom** ist als einziges Objekt des Bundeslandes auf der „Europäischen Route der Backsteingotik" vertreten. Begonnen wurde der Bau der gotischen Hallenkirche um 1200, doch erst im 16. Jh. vollendet. Sein berühmtester Schatz ist der dreiflügelige Bordesholmer Altar

Blick auf Kappeln an der Schlei; Fischfang mithilfe der traditionellen Heringszäune

(1514–1521), für den Hans Brüggemann 400 Figuren schnitzte. Erst 1894 erhielt St. Petri den neogotischen, 112 m hohen Westturm mit Aussichtsplattform (Norderdomstr., Tel. 0462198 95 95, www.schleswiger-dom.de, Mai bis Sept. tgl. 9.00–17.00, Okt.–April tgl. 10.00 bis 16.00 Uhr, Eintritt frei, Führungen Mitte Juni bis Aug. tgl. 14.30 Uhr, Erw. 3 €). Zur Skyline gehört seit 1972 auch der 90 m hohe **Wikingturm** mit Restaurant im 26. Stock (www.wikingturm-restaurant.de). Auf den Fundamenten des dänischen Königshofs errichteten Franziskanermöche ab 1234 das **Graukloster**, heute Teil des **Rathauses**. Sein klassizistischer Teil wurde 1794 auf den Fundamenten der Klosterkirche gebaut. Als Residenz wählten die Bischöfe das **Königsteinsche Palais** (15. Jh.), das Baron von Königstein im 17. Jh. zum Adelssitz umbaute. Der bürgerliche Amtsarzt Dr. Johann Friedrich Licht errichtete 1798 den **Plessenhof**, heute Domizil der Tourist-Information. In der **Hofapotheke** (1517), der ältesten öffentlichen Pharmazie des Nordens, serviert das **Kleine Traumcafé** (www.kleines-traumcafe.de) hausgemachte Torten. Die Königswiesen säumen als Stadtpark mit Badestelle die Schlei. Auf einer Insel in der Schlei erhebt sich Schleswig-Holsteins größer Profanbau: **Schloss Gottorf**, einst Residenz der Herzöge, heute Heimstatt toller Museen. Im Fürstengarten vereinen historisch bepflanzte Terrassen die italienische Renaissance- und barocke Gartenkunst. Der **Holm**, einer der ältesten Stadtteile von Schleswig, war bis zum Jahr 1935 eine Insel, auf der Fischer ihre Boote lagerten, Netze trockneten und in einstöckigen Häusern wohnten, die bis ins 12. Jh. zurückreichen. Viele haben Klöndören – zweigeteilte Türen, deren obere Hälfte für einen Klönschnack (eine Unterhaltung) geöffnet wurde.

MUSEEN

Schloss Gottorf birgt zwei Landesmuseen. Das **Landesmuseum für Kunst und Kulturgeschichte** zeigt Sakrales in der Gotischen Halle, Renaissancewerke von Lucas Cranach, einen barocken Globus und Werke von der

klassischen Moderne bis zur Kunst der Gegenwart. Publikumsmagnete im **Archäologischen Landesmuseum** sind das germanische Ruderschiff Nydamboot und die Moorleichen in der Eisenzeit-Ausstellung (Schlossinsel 1, Tel. 04621 81 32 22, Landesmuseen Erw. 9 €, Globusfahrt zuzügl. 7 €). Kostenlos zugänglich ist das „Neuwerk", das Herzog Friedrich III. ab 1637 nach Vorbild römischer Terrassengärten anlegen und mit Exoten wie Ananas und Aloe bepflanzen ließ. Heute ist das Neuwerk der einzige öffentlich zugängliche Barockgarten Schleswig-Holsteins, der noch in Originalgestalt erhalten ist. Zur Zeitreise durch die Stadtgeschichte lädt im Adelspalais Günderothschen Hof das **Stadtmuseum**. Teddys namhafter Hersteller von Steiff bis Schuco sind im **Teddy Bär Haus** ausgestellt, Fotoprojekte, Vorträge und Workshops finden im **Fotoforum** statt (Friedrichstr. 9, Tel. 04621 936 80, www.stadtmuseum-schleswig.de, Di.–So. 10.00 bis 17.00 Uhr, Erw. 5 €).
Auf den Spuren der Nordmänner wandelt man südlich vor Schleswig im ③ **Wikingermuseum Haithabu** TOPZIEL (Am Haddebyer Noor 5, 24866 Busdorf, Tel. 04621 813 22 20, www.schloss-gottorf.de/haithabu, wegen Renovierung bis Frühjahr 2018 geschl.; der Außenbereich ist im Sommer zugänglich). Auf dem historischen Freigelände laden sieben Wikingerhäuser und eine Landebrücke zu einer Zeitreise in eine rund 1000 Jahre alte Vergangenheit ein.

UNTERKÜNFTE

Eine Altstadtperle mit einem Hauch Toskana ist das € € **Bed & Breakfast am Dom**, zu dessen Konzept gehört, dass gemeinsam an der großen Tafel gefrühstückt wird. Top: die 7-Gang-Leihräder für Gäste (Töpferstr. 9, 31812 Schleswig, Tel. 0462148 59 91, www.bb-schleswig.de). Im Gesundheitsamt der Stadt bietet das Privathotel € € / € € € **Hahn** sechs edel-moderne Zimmer, Ruhe und selbst gemachte Marmelade (Lutherstr. 8, 24837 Schleswig, Tel. 04621 99 53 52, www.hotelhahn.de).

UMGEBUNG

Der Freizeitpark ④ **Tolk-Schau** zeigt Kappeln im Miniformat und entführt im Tal der Dinosaurier in die Urzeit (Tolk-Schau 1, 24894 Tolk, Tel. 0462 29 22, www.tolk-schau.de, Ende April–Okt. tgl. 10.00–18.00, Einlass bis 16.00 Uhr, 18 €). Die Betonarchitektur gefällt nicht jedem, das riesige Angebot begeistert: Das Ostsee-Resort ⑤ **Damp** (www.ostsee-resort-damp.de) lockt mit unzähligen Urlaubsangeboten für Aktive – alle stehen Tagesgästen offen!

INFORMATION

Touristinformation, Plessenstr. 7, 24837 Schleswig, Tel. 04621/85 00 56, www.ostseefjordschlei.de

⑥ – ⑨ Kappeln

Fischfang und -verarbeitung sind bis heute in ⑥ **Kappeln** (8700 Einw.) wirtschaftlich wichtig.

SEHENSWERT

An die Fischfangtradition erinnert in der Schlei eine riesige Reuse: der **Ellenberger Heringszaun** (15. Jh.), der letzte von einst 18 Fanganlagen aus Pfählen und Mauern aus Buschwerk. € / € € **Friedrich Föh**, letzte Räucherei der Stadt, hängt seit 1911 Aal, Hering, Heilbutt, Lachs, Makrele, Sprotte und Zander in den Buchenholzrauch, die auf der Terrasse genossen werden (Dehnthof 26–28, 24376 Kappeln, Tel. 04642 22 74, www.foeh.de, ab 11.00 Uhr). Sonin-Schüler J. A. Richter erbaute 1789–1793 die spätbarocke **St.-Nicolai-Kirche** – dem Holzkruzifix (13. Jh.) soll Kappeln seinen Namen verdanken. Die **Holländerwindmühle Amanda** (1888) bietet von der Galerie Ausblicke auf Kappeln und Ostangeln, das Innere teilen sich Tourist-Information und Standesamt.

MUSEEN

Am jederzeit zugänglichen Steg des **Museumshafens** sind 16 Veteranen als Nachbau oder Original vertäut, darunter der Gaffelketch „Isamar", die Slup „Adelante" und das Bornholmer Heringsboot „Else af Sletten" (www.museumshafen-kappeln.de). Galionsfiguren, Navigationsgeräte und Fischereibedarf stellt das **Schlei-Museum** aus (Mittelstr. 7, Tel. 04642 14 28, www.schleimuseum.de, April–Okt. Di.–Sa. 10.00–12.30, 13.30–17.00 Uhr, Erw. 2 €). Die Maschinen des **Sägewerks** (1900) wurden erst von der Windmühle Amanda, ab 1924 elektrisch angetrieben. Seit 1996 ist es ein „working museum" (Schlesiwger Str. 1, Tel. 04642 92 01 02, www.kappelner-werkstaetten.de, 1. Mai–31. Okt. Mo.–Do. 9.00–12.00, 13.00–17.00, So. 10.00 bis 12.00, 14.00–16.00, 1. Nov.–30. April Di. 9.00 bis 12.00, 13.00–15.00 Uhr, Eintritt frei).

RESTAURANTS & UNTERKÜNFTE

Im € € **Riesby Krog** schmeckt Regionales wie Steak von der Holsteiner Färse oder vegetarischer Schnüsch (Dorfstr. 37, 24354 Rieseby, Tel. 04355 18 17 87, www.riesbykrog.de). Von Spargel über Sommertrüffel und Zander über Kürbisgemüse, Martinsgans und Grünkohl kommt im Re-

Viele Häuser haben Klöndören – zweigeteilte Türen, deren obere Hälfte für einen Klönschnack geöffnet wurde.

staurant € € **Schlei-Liesel** nur saisonale norddeutsche Küche auf den Tisch (Dorfstr. 2, 24357 Güby, Tel. 04354 997 70, www.hotel-schlei.de).

€ € € **Rosenduft und Kochlust** ist kein gewöhnliches Hotel, sondern ein edel-nostalgischer Landsitz, geprägt von der Handschrift der Inhaber Sverre Stehen und Nadine Kramm. Gäste wohnen in sechs Zimmern und genießen französisch inspirierte „Cuisine de Terre" (Glasholz 1, 24364 Holzdorf, Tel. 04352 91 20 03, www.rosenduftundkochlust.de).

UMGEBUNG

Das malerische ❼ **Arnis** ist die kleinste Stadt Deutschlands, ❽ **Sieseby** eines der schönsten Dörfer der Republik. 725 alte Apfelsorten, Birnen- und Themengärten lassen sich im **Obstmuseum Pomarium Anglicum** (Waldweg 2, OT Winderatt, 24966 Sörup, Tel. 04635 27 45, www.alte-obstsorten.de/obstmuseum-pomarium-anglicum.html) entdecken. Die Natur der ❾ **Geltinger Birk** ist so unberührt, dass dort ungestört Wildpferde weiden. Wer nicht wandert oder radelt, entdeckt diese Urlandschaft auf Kutschfahrten mit Volker Lippert (Tel. 04643 18 65 70). Beim Gästebetreuer Siegfried Issel gibt es den Schlüssel für den rot-weiß gestreiften Leuchtturm Falshöft, der vom Balkon Fernblicke über die Ostsee bis nach Dänemark eröffnet (Außenförde bei Nieby, www.leuchtturm-falshoeft.de, Zeiten nach Absprache, Tel. 04643 18 69 90, Spende erbeten).

INFORMATION

Touristinformation, Schleswiger Str. 1, 24376 Kappeln, Tel. 04642/40 27, www.kappeln.de

Genießen   Erleben   Erfahren

Große Fische am kleinen Haken

DuMont Aktiv

Petri Heil in Heiligenhafen: Acht große und drei kleine Kutter laufen von hier das ganze Jahr zum Hochseeangeln aus. 45 000 Freizeitangler fahren jährlich mit und wünschen sich einen kapitalen Dorsch am Haken.

Am frühen Morgen, zwischen halb sieben und halb acht, stechen die Kutter mit bis zu 50 Gästen in See und laufen die Fanggründe an der dänischen Seegrenze an. Denn dort liegt eines der besten Reviere für den Speisefisch, dessen Leben noch als Jungfrau endet: Dorsch ist nichts anderes als noch nicht geschlechtsreifer Kabeljau. In 20 Meter Tiefe durchpflügt der Raubfisch Tang und Seegras nach Muscheln, Würmern, Krebsen, Seesternen und kleinen Fischen – und frisst gierig, was ihm vors Maul kommt.

Kapitale Dorsche, fast anderthalb Meter lang und 40 Kilo schwer, wurden schon aus den Fluten gezogen. Geangelt werden darf ganzjährig. Beim Auffinden hilft das Echolot – und die Tatsache, dass der Dorsch gesellig ist. Der Fang eines Fisches aus einem Schwarm bedeutet daher meist Anglerglück für die ganze Gruppe. Gefischt wird bis zum frühen Nachmittag. Auf der Rückfahrt können die Fische ausgenommen und filetiert werden. Kutterkapitän Jörg Nagel von der „MS Tanja" bietet im Hafen sogar kostenlose Einfriermöglichkeiten an. Wer selbst keine Ausrüstung hat, kann sich Angeln und Köder an Bord leihen. Ein Angelschein ist für die Hochseetörns nicht erforderlich.

Anbieter von Hochseeangeltörns (Auswahl)

MS Tanja, Kapitän Jörg Nagel, Stiftstr. 3, 23774 Heiligenhafen, Tel. 04362/84 34, www.hochseeangeln-tanja.de, Angler 40 €, unter 12 Jahren 20 €, Nichtangler 25 €

MS Hai IV Angel-Touren GmbH, Eichholzweg 18, 23774 Heiligenhafen, Tel. 04362 50 82 40, www.hai4.de, Angler 40 €, unter 12 Jahren 20 €, Nichtangler 25 €

MS Monika, Kapitän Jens Lietzow, Rubinstr. 70, 23774 Heiligenhafen, Tel. 04362 30 51, www.ms-monika.de, Angler 40 €, unter 12 Jahren 20 €, Nichtangler 25 €

Auf der „MS Simone" und anderen Kuttern geht es hinaus aufs Meer – Wind und Wellen inklusive.

Tipp

Kappelner Heringstage

Seit mehr als 30 Jahren feiert Kappeln im Mai fünf Tage lang den Brotfisch der Stadt mit einem Fest entlang der Schlei (www.heringstage-kappeln.de). Das Programm: Heringsregatta, Tanz, Konzerte und Kulinarisches. Da Fisch schwimmen muss, gehört zum Hering die Lake – der Aquavit von der Schlei aus dem Hause Siemen schmeckt auch ungekühlt.

Grenzenlose Hochgefühle im hohen Norden

Im hohen Norden rutschte jahrhundertelang die Grenze zwischen Dänemark und Deutschland mal rauf, mal runter. Das bescherte Flensburg ein urdänisches „hyggeliges" Flair – und typisch deutsche Braukunst. Seine Förde lockt mit grenzenlosem Urlaubsspaß zu Wasser und an Land, wo der Gendarmenpfad dreizehn Mal die Landesgrenzen kreuzt. Und im äußersten Nordosten reckt die Halbinsel Holnis keck ihre Steilküste in die dänische Südsee.

Sieht aus wie eine Puppenstube in XXL: die Rote Straße mit dem Turm der Nikolaikirche in Flensburg.

Ebenfalls in der Roten Straße, in einem rot angestrichenen Bau: das Wein- und Rumhaus Braasch (oben und unten links). Wer sich danach mit einem Espresso stärken möchte, der flaniert zu den Cafés am Flensburger Nordermarkt (oben rechts). Die Altstadt lässt sich zwar auch mit einigem Abstand vom Hafen aus betrachten (unten rechts) – aber es wäre schade, sich das urbane Schmuckstück nicht doch auch näher anzusehen.

Das flenst – mit diesem Spruch machte die größte Brauerei in Schleswig-Holstein den Gerstensaft von der Flensburger Förde zu einer der beliebtesten Biermarken der Republik. Während der Bierkonsum bundesweit sinkt, steigen beim „Flens" aus der Brauerei Emil Petersen die Umsätze. Rund 50 Millionen Liter füllt die nördlichste Privatbrauerei des Landes jährlich in bauchige Flaschen – seit mehr als 125 Jahren. Die „Werner"-Comics von Rötger Feldmann (alias „Brösel") machten den „Bölkstoff" aus Flensburg bekannt. Flens wurde Kult, das markante Ploppen des Bügelverschlusses zum Markenzeichen – und zum Unterscheidungsmerkmal von der tonlosen Kronkorkenkonkurrenz.

Ruhm mit Rum

Hundert Jahre vor dem Bier-Boom seiner Brauereien war Flensburg für eine Spirituose weltberühmt: Rum. Damals hieß Flensburg noch Flensborg und war die Zuckerkapitale im dänischen Königreich. 295 Schoner zählte die Handelsflotte der Stadt, die sich ab 1795 am Tabak-, Rum- und Zuckerhandel mit Dänisch-Westindien beteiligte und Zuckerrohr aus der Karibik an die Förde holte, wo es zu Zucker raffiniert wurde. Ebenfalls an Bord der Schiffe war ein auf den Jungferninseln gebrannter Rohrum mit einem Alkoholgehalt von 70 bis 80 Prozent. Diesen fast ungenießbaren „pure rum" veredelten mehr als 200 Rumhäuser zu einer Spezialität, die in Holzfässern lagernd die vollendete Färbung und Reife erhielt: Flensburger Rum. In den 1960er-Jahren füllten traditionsreiche Rumdynastien wie Schierning (Pott), Dethleffsen (Balle), Grün (Hansen) und viele weitere Rumhäuser jedes Jahr noch 40 Millionen Flaschen ab. Heute gibt es noch zwei Betriebe: das Rumhaus Johannsen, das in der Marienstraße bei Führungen das Geheimnis des Flensburger Rumverschnitts lüftet, und die kleine Hofmanufaktur des Wein- und Rumhauses Braasch. Wie der Rum Stadtgeschichte schrieb, verraten das einzige Rummuseum Deutschlands

„Gott gebe Glück mit Frieden": So lautet das Motto im Portal des Wasserschlosses Glücksburg, in dem einst zarteste Bande zwischen verschiedenen Vertretern europäischer Herrscherhäuser geknüpft wurden – dynastische Machtentfaltung (und -erhaltung) in schönstem Rahmen also.

Wellness mit Fördeblick im herrlichen Garten des Vitalhotels Alter Meierhof: In dem privat geführten Haus kann man gut eine Auszeit vom Alltag nehmen, um dann, ganz entspannt im Hier und Jetzt, ebendiesen Alltag ganz neu anzugehen.

Auf der Halbinsel Holnis fühlen sich auch Schottische Hochlandrinder wohl.

Auf der Halbinsel Holnis ist Dänemark zum Greifen nah – aber wir verweilen lieber noch ein Weilchen im Naturschutzgebiet Holnis Noor, dessen Salzwiesen mit ihrem typischen Pflanzenbewuchs eine hervorragende Brut- und Raststätte für viele Vogelarten sind.

Ostseeküsten-Radweg

Special

Immer am Wasser entlang ...

...führt eine Fernroute für Radler, die zu den neuesten und schönsten Strecken Deutschlands gehört: der Ostseeküsten-Radweg.

Meist eben, überwiegend asphaltiert und familienfreundlich: Der Ostseeküsten-Radweg ist ideal, um die Vielfalt der Region zu entdecken. Wer nicht die ganze 440 Kilometer lange Strecke von Flensburg via Kappeln, Eckernförde, Fehmarn und Grömitz bis Travemünde abradeln möchte, kann der markierten Route in Etappen folgen. Wer weiterradeln möchte, der setzt in Travemünde mit der Fähre zum Priwall über und folgt den Schildern bis zur polnischen Grenze.

Nur zwischen Kappeln und Kiel fordern kleine Hügel etwas Kondition. Lust auf Abstecher machen kürzere lokale Radwege und Themenrouten. Radlerfreundliche Unterkünfte hat der ADFC auf seiner Website www.ostsee-schleswig-holstein.de/radfahren.html zusammengestellt.

Mit schnellem Tritt in die Pedale unterwegs

Längst selbstverständlich ist der Einsatz von GPS am Ostseeküsten-Radweg und den 20 regionalen Ostsee-Routen. Sämtliche GPS-Tracks sowie Kartenmaterial gibt es kostenlos im Internet auf www.ostsee-rad fahren.de. Am besten folgen Sie aber nicht immer nur sklavisch der markierten Route, denn sonst finden Sie sich zwischen Kappeln und Eckernförde auf einem Radweg neben einer viel befahrenen Hauptstraße wieder und müssen anderenorts das schwer bepackte Rad durch tiefen Sand am Strand wuchten.

und ein Spaziergang auf der Rum- und Zuckermeile, die an 20 Stationen quer durch die Altstadt die Handelswege der letzten 250 Jahre dokumentiert. Das Gold der Karibik winkt auch als Siegerprämie der Rumregatta, bei der seit 1980 jährlich am Wochenende nach Himmelfahrt alte Arbeitsschiffe auf der Förde aussegeln. Doch wer zu schnell die Ziellinie passiert, geht leer aus: Die Dreiliterflasche Rum gibt es nur für den Zweitplatzierten, alle anderen erhalten Schrottpreise.

Dänisches Flensburg

400 Jahre lang gehörte Flensborg zu Dänemark. Erst 1867 wurde die Stadt per „Besitzergreifungspatent" nach einem blutigen Krieg (1864) preußisch, 1871 ins Deutsche Reich integriert. 1920 einigte man sich per Volksabstimmung auf den Grenzverlauf – heute liegt er fünf Kilometer nördlich der Stadt. Auf dem Papier. Im Alltag lebt die Grenzstadt das vereinte Europa: 20 Prozent der Flensburger sind Dänen, besuchen Flensburgs dänische Schulen und lesen den Flensborg Avis, Deutschlands einzige dänische Tageszeitung. Auf dem alten Weg der Zöllner verläuft heute eine Themenroute, die dreizehn Mal die deutsch-dänische Grenze kreuzt. Mit dem Südschleswiger Wählerverband, für den keine Fünfprozenthürde gilt, hat die dänische Minderheit ein star-

Familienpicknick am Strand an der
Flensburger Außenförde

Radausflug zum Ausgang der
Flensburger Förde

Fördelandschaft an einem sonnigen Tag mit
(Falshöfter) Leuchtturm

Im letzten Viertel des 12. Jahrhunderts aus fein bearbeiteten Granitquadern errichtet wurde die St.-Laurentius-Kirche in Munkbrarup.

kes politisches Sprachrohr, mit der Sydslesvigsk Forening einen Kulturträger, der alljährlich das große Jahrestreffen der südschleswigschen Dänen organisiert: die Arsmøde, für die Anfang Juni die alte Tracht angelegt wird. Ein dänisches Lokal aber sucht man in Flensburg vergeblich.

Aufbruch am Ostufer

Am Westufer der Förde hat das alte Flensburg die Weltkriege nahezu unbeschadet überlebt, am Ostufer verwandeln sich seit einigen Jahren Industriehafen und Ballastkai in ein Wohngebiet für Gutbetuchte – mit Werftkontorhäusern, dem Restaurant Fischperle und dem „Klarschiff". Die Vision der Planer: Nach Bürgerprotesten haben die Planer ihre Vision korrigiert, und langsamer als anfänglich anvisiert wird nun auch das Ostufer schick. Fertig ist bereits eine Uferpromenade, die als Teil des Ostsee-Radwanderwegs bis nach Fahrensodde oder Glücksburg verlängert werden soll. Schon jetzt gehört der Weg zu den beliebtesten Spazierstrecken in Flensburg. Auf der Förde setzen bunte Segel Farbtupfen – nur 18 Tage im Jahr herrscht, statistisch gesehen, Flaute. Wenn dann genau das Nord Stream Race vor der Marina Sonwik steigt, sind die Segler zwar frustriert, die „Sehleute" aber dennoch in Partylaune – sie feiern zu Livemusik und Feuerwerk.

Wer es sich leisten kann, hat gleich am Liegeplatz sein Domizil: ein Wasserhäuschen mit 360-Grad-Blick auf die Förde.

Kultur- und Natur

Strahlend weiß ist das Wasserschloss von Glücksburg, in dem einst die Herzöge von Glücksburg residierten, später die dänische Krone, und verwandtschaftliche Bande mit allen Herrscherhäusern Europas geknüpft wurden. Der heutige Schlossherr, Christoph Prinz zu Schleswig-Holstein, lebt allerdings mit seiner Frau Prinzessin Elisabeth aus dem Hause Lippe-Weissenfeld und den vier Kindern auf Gut Grünholz auf Schwansen. Sein Handeln bestimmt ein Wahlspruch, den fast 500 Jahre vor ihm sein Vorfahre Herzog Johann der Jüngere beim Bau des Schlosses ins Eingangsportal meißeln ließ: „Gott gebe Glück mit Frieden". Die Residenz ist seit 1923 als Museum eingerichtet und zeigt niederländische Tapisserien und flandrische Ledertapeten. Zudem werden Hochzeiten, Kindergeburtstage, Modenschauen, Konzerte und viele andere Events hinter seinen historischen Mauern veranstaltet, um das auch als Film-Location beliebte Schloss, das die Familie des Prinzen bereits im Jahr 1992 in eine Stiftung einbrachte, als glanzvolles, lebendiges Kulturerbe zu erhalten.

Zu Glücksburg gehört auch die Halbinsel Holnis. Diese ragt sechs Kilometer weit in die Ostsee, die sich hier schon dänische Südsee nennt – so nah ist das Inselreich der Dänen, das zwischen Flensburg und Fünen fast karibisch wirkt. Das kleine Naturidyll Holnis prägen Wiesen und Felder, Wälder, Salzwiesen und Steilküste. 130 Vogelarten wurden hier beobachtet – Austernfischer, Kiebitze, Kormorane und Uferschwalben, die in den Steilwänden der Küste nisten. Die Vorboten des Klimawandels indes treiben den Umweltschützern Sorgenfalten auf die Stirn. Steigender Meeresspiegel, stärkere Stürme, Wasserstände von bis zu dreieinhalb Meter über Normalnull an der Ostsee – da würde von Holnis bald nicht mehr viel übrig bleiben. Vehement fordert man daher, die Glücksburger Deiche aufzustocken. Während die Landesregierung den Schutz der Westküste mit Millionen unterstützt, gab es für den Schausender Deich in den vergangenen Jahren aus Kiel jährlich nur rund 1000 Euro als Zuschuss für Ausbesserung. Die letzte Grundüberholung der nur 2,4 Meter hohen Flutbarriere liegt 40 Jahre zurück. Grasnarben und Asphaltweg sind Flickwerk. 468 Menschen leben auf Holnis. Sie fordern besseren Schutz vor den Folgen des Klimawandels. Für sich, ihre Gäste und die Natur.

OSTSEEKÜCHE

Kulinarische Entdeckungen

Kröpel, Schnüsch, Meelbüdel und Plettenpudding – die Ostseeküste hält viele neue Genusserlebnisse bereit. Ganz wild zeigt sich die Kochkunst der Holsteinischen Schweiz.

Wo sonst sollte man Fisch genießen, wenn nicht hierzulande: Fischteller im Restaurant Schleiperle, Arnis

Die 384 Kilometer lange Küste mit 184 Kilometer Steilufer, die vielen Flüsse und Hunderte Seen machen die Ostseeregion Schleswig-Holsteins zum siebten Himmel für Fischliebhaber. Hier finden sie frische Schollen, fettarme Schleie, gewaltige Spiegelkarpfen, zarte Zander, vergoldete Aale, kapitale Hechte und reichlich Dorsch auf den Speisekarten. Nur in der Kieler Bucht wird die Kieler Sprotte gefangen, die eigentlich aus Eckernförde kommt. Da die golden geräucherten, in Holzkisten verpackten Heringe jedoch in Kiel auf die Bahn verladen wurden und dort den Stempel „Kieler Hauptbahnhof" erhielten, hat sich der Name „Kieler Sprotte" eingebürgert. Verspeist wird der Fisch traditionell „mit Kopp un Steert": Kopf in den Nacken, den ganzen Fisch am den Schwanz gepackt und komplett mit Kopf und Gräte in den Mund – und genießen!

Nur wenige Meter vom Eckernförder Hafen entfernt lockt eine ehemalige Räucherei mit ungewöhnlichem Seegetier: süßen Sprotten und Muscheln mit Lakritzgeschmack. Insgesamt mehr als 100 Arten werden mit 40 Jahre alten Walzen in der Bonbonkocherei (www.bonbonkocherei.de) von Hans Hinrichs in der Frau-Clara-Straße ausgerollt und ausgestochen.

Im Hinterland der Küste hängen monatelang saftige Hinterviertel vom Schwein im kühlen Buchenrauch. Erst wenn der erste Kuckuck ruft, darf der zarte Holsteiner Schinken aufgeschnitten werden, so verlangt es die Tradition. Doch dann offenbart er ein delikates Inneres, das bereits um 1600 den dänischen König Christian IV. schwärmen und prompt 50 Exemplare an seinen Hof liefern ließ: mild, zart, deftig und doch weich – welch ein perfekter Begleiter zum jungen Spargel, der dann Saison hat! Im Leinenbeutel lässt sich der Schinken monatelang aufbewahren, am besten hängend, kühl und dunkel. Wird der Holsteiner Schinken unter Reet geräuchert, darf sich der 20-Pfünder stolz „Katenrauchschinken" nennen, so wie bei Petersen & Söhne, die nur von September bis Mai ihre Spezialität räuchern – sonst ist es in der Kate zu warm und die Brandgefahr zu hoch.

Holsteiner Katenschinken
in der Schinkenräucherei
Braasch (Harmsdorf):
höchste Qualität nach
alten Rezepten – aus
Erfahrung gut!

Fisch im Räucherofen in der
Aalräucherei Friedrich Föh in
Kappeln – und ebendort im Brötchen

Von Schnüsch und Klüten

Ein typisches Sommergericht ist Schnüsch, bei dem frisches Gemüse – Kartoffeln, Karotten, dicke Bohnen, Kohlrabi, grüne Bohnen und Erbsen – in Milch gekocht auf Kartoffeln mit Petersilie hockt: gesund, leicht und lecker. Im Alten Kirchkrug von Großsolt, einem 1800-Einwohner-Dorf zwischen Flensburg und Schleswig, steht es dann auf der Karte. Beliebt als erfrischende Mahlzeit an heißen Tagen ist auch Buttermilchsuppe, in die Schwarzbrot gebröckelt wird. Andere lieben ihre Boddermelksupp mit Rosinen, Dörrpflaumen oder „Klüten", kleinen Mehlklößchen.

Die besten Katenschinken

Petersen & Söhne, Bahnhofstr. 23, 23714 Malente, Tel. 04523 22 96, www.schlachterei-petersen.de
Schinkenräucherei Braasch, Hauptstraße 23, 23738 Harmsdorf, Tel. 04363 16 12, www.schinken-braasch.de
Schinkenräucherei Langer, Holmkamp 9, 23701 Süsel-Ottendorf, Tel. 0452 43 63, www.schinken-langer-ostholstein.de
Schinken Nissen, Ahrensböker Str. 122, 23617 Stockelsdorf, Tel. 0451 49 00 50, www.schinken-nissen.de

Wenn die Tage kürzer und kühler werden, wärmt eine Fliederbeersuppe richtig durch, die mit reichlich Holunderbeersaft, etwas Sago und kleinen Apfelstückchen zubereitet wird. Fruchtig-deftig zeigt sich der Spätsommer bei Birnen, Bohnen und Speck. „Brooken sööt", nennen die Einheimischen ihre Vorliebe, Süßes mit Salzigem oder Sauren zu kontrastieren, „gebrochene Süße". Zum Bratfisch werden Fruchtsoßen oder Kompott gereicht; beim Grünkohl die Bratkartoffeln mit Zucker karamellisiert. Rinder- und Hühnersuppe erhalten Rosinen als Einlage. Süßsauer zubereitet werden auch das Holsteiner Sauerfleisch, die Gänsekeule und das „Rübenmalheur" – ein Eintopf mit Kochwurst und Kassler. Feldhasen, Fasane, Wildenten, Rehe und Wildschweine kommen ab Mitte Oktober auf den Tisch, und die Spitzenköche wetteifern um das köstlichste Wildgericht. Nun gibt's Geschnetzeltes vom Holsteiner Rehbock, Wildschweinrücken mit kandierten Feigen, Hase mit Steinpilzen oder geschmorte Hirschschulter mit frischen Pfifferlingen und Spitzkohl. Wird geschlachtet, kommt traditionell „Swartsuer" auf den Tisch, eine schwarze Suppe aus Schweineblut, die mit Zwiebeln, Nelken, Pfefferkörnern, Lorbeer und etwas Zucker gewürzt sowie durch Essig geronnen ist. Wer es sich leisten konnte, genoss sein Schwarzsauer mit Bauchfleisch, alle anderen legten Grießklöße oder Salzkartoffeln hinein.

Zum ersten Frost gehören deftiger Grünkohl mit süßen Kartoffeln – und der Meelbüdel, der wie das Labskaus mit den Seefahrern aus England hierher kam. Ähnlich wie ein britischer „pudding" wird der Mehlbeutel, ein Teigkloß mit Rosinen und Kardamon, eingeschlagen im Leinentuch im Topf gekocht. Begleitet wird auch er von „brooken sööt", gebrochener Süße: Backobst, Fruchtkompott, Kochwurst, Schweinebacke und Kassler.

Bei der Familie Mann kam nach einem üppigen Mahl „Plettenpudding" auf den Tisch, für den Reste von Biskuitkuchen, Himbeeren und Makronen übereinandergeschichtet und mit Eiercreme getränkt wurden, die oft auch einen Schuss Sherry enthielt.

Hochprozentiges wird
im Wein- und Rumhaus
Braasch in Flensburg
verkauft.

Der hohe Norden gibt sich deutsch – und dänisch

Deutsch-dänische Geschichte prägte Flensburg und seine Förde, die sich 40 km durchs Grenzland schlängelt und Seglern ein traumhaftes Revier bietet. Zottelige Rinder und Seevögel machen die Halbinsel Holnis zum Mekka für Naturfreunde. Romantiker zieht es zum Wasserschloss Glücksberg, Wellnessfans in die Hoftherme des Alten Meierhofs.

❶ – ⓮ Flensburg

TOPZIEL Legendär wie die Stadtgründung – Herzog Knud Lavard soll einst einem Ritter namens Fleno den Auftrag gegeben haben, am Ende der Förde eine Burg zu errichten – sind auch die zwei typischen Flensburger Produkte: Rum und Bier. Andere denken bei der Stadt (84 600 Einw.) an ihre Punkte beim Kraftfahrts-Bundesamt. Oder an Beate Uhse – 1962 gründete die gelernte Pilotin in der Grenzstadt zu Dänemark den ersten Sexshop der Welt.

SEHENSWERT

Wahrzeichen Flensburgs ist das ❶ **Nordertor** (1595), das heute die „Phänomenta" und das Standesamt für Trauungen nutzen. Hinter dem einzigen Stadttor des Landesteils Schleswig erstreckt sich die verkehrsberuhigte Altstadt bis zum Südermarkt. In der Norderstraße ist bei Nr. 86 ein Handelshof aus dem 18. Jh. mit Querspeicher zur Hafenseite erhalten – der Wohnbereich des Kaufmanns lag zur Norderstraße. Das ❷ **Flensborghus**, 1723 aus den Steinen der geschleiften Duborg als Waisenhaus errichtet, birgt heute die dänische Zentralbibliothek für Schleswig-Holstein. Zur einstigen Burg geht es über die Marientreppe oder den Rummelgang – der Ausblick ist fantastisch! An einen Kaufmann, der 1593 die ersten Mietwohnungen für Sozialschwache baute, erinnert der von der Fußgängerzone abzweigende ❸ **Oluf-Samson-Gang**. Norder- und Segelmacherstraße verbindet der malerische Lagerhaushof & Künstlerhof, der in den 1980er-Jahren saniert wurde. Vorbei an der ❹ **Marienkirche** (1248) mit ihren spätmittelalterlichen Deckenmalereien wird der ❺ **Nordermarkt** mit dem Neptunbrunnen und dem Schranken erreicht, in dessen Arkaden Bäcker und Schlachter einst ihre Ware verkauften. Die gotische ❻ **Heiliggeistkirche**, 1386 für das gleichnamige Kloster erbaut, ist seit 1588 das Gotteshaus der dänischen Gemeinde. Die Schiffsmodelle im Innern sind Schenkungen von Seeleuten. Die acht Kneipenwirte am Nordermarkt stellen bei gutem Wetter Tische und Stühle auf den Platz. Der dänische Kaufmann Christiansen errichtete 1789 den Westindienspeicher. Wo bis 1981 die Grundstoffe für die Rumherstellung lagerten, sind heute Wohnungen und Büros. Die **Große Straße** und der **Holm**, Flensburgs Einkaufsmeile mit Kaufhäusern und Ketten, ist auch architektonisch interessant – das restaurierte Stadtpalais Holm 10 wurde 1853 erbaut; aus der Zeit des Norwegenhandels im 18. Jh. stammen die Handelshöfe Holm 7 und Holm 19/21. Auf dem ❼ **Südermarkt** wird zu Füßen der größten Flensburger Kirche, **St. Nikolai** (1390 bis 1480), Mi. und Sa. der älteste Wochenmarkt Schleswig-Holsteins abgehalten. Weiter gen Süden folgt eine Altstadtgasse, die für ihre malerischen Handwerker- und Kaufmannshöfe, Kunsthandwerk- und Antiquitätenhändler, Galerien, Weinlokale und Cafés berühmt ist: die ❽ **Rote Straße** – im Sommer wird hier open air die Flensburger Hofkultur (http://hofkultur.flensburg.de) gefeiert. Einst jenseits der Stadtmauern gelegen, heute hinter den Bahngleisen, erhebt sich seit dem Jahr 1128 ❾ **St. Johannis** und markiert die Keimzelle der Stadt, die vom Johanniskirchhof, der Süderfischerstraße und der Angelburgerstraße auf die heutige Größe wuchs.

MUSEEN

Der Möbelfabrikant Heinrich Sauermann legte 1876 den Grundstein zum ❿ **Museumsberg** (Museumsberg 1, Tel. 0461 85 29 56, www.museumsberg-flensburg.de, Di.–So. 10.00–17.00 Uhr, Erw. 6 €), der im Heinrich-Sauermann-Haus und dem Hans-Christiansen-Haus die Kultur- und Kunstgeschichte des Landesteils Schleswig darstellt. Eindrucksvoll ist die Sammlung von Jugendstil-Bildteppichen. Den Arbeitsalltag der Justiz dokumentiert im **Flensburger Landesgericht** die gerichtshistorische Sammlung (Südergraben 22, Tel. 0461 892 13, Di. 13.30 bis 17.00 Uhr, Eintritt frei). In Mürwik wird seit 1910 der Marinenachwuchs ausgebildet. Einblicke in die Marinegeschichte gewährt das ⓫ **Wehrgeschichtliche Ausbildungszentrum** in der ehemaligen Kommandeursvilla (Kelmstr. 14, Tel. 0461 313 50, www.marine.de, Di. 14.00 bis 19.00 Uhr, Eintritt frei). Die 700-jährige Han-

Tipp

Rumregatta

Das internationale Rennen historischer Segelboote zu Himmelfahrt hat sich seit 1981 zum größten nordeuropäischen Treffen von Gaffelriggern entwickelt. Ihr Ziel ist es, nicht als erstes Schiff, sondern als Zweiter die Ziellinie zu überfahren – denn nur dann winkt eine Dreiliterflasche Johannsen Rum.

INFORMATION

www.rumregatta.de, Mitsegeln 90 €, Anmeldung online

Wer Hochprozentiges mag, macht eine Stippvisite im Rumhaus Johannsen in der Marienstraße.

Landschaftsmuseum Unewatt (oben), Oluf-Samson-Gang (links oben) und Strandcafé, Flensburg (links unten)

dels- und Seefahrtsgeschichte wird im ⑫ **Schifffahrtsmuseum** im alten Zollpackhaus lebendig (Schiffbrücke 39, Tel. 0461 85 29 70, www.schiffahrtsmuseum.flens burg.de, Di.–So. 10.00–17.00 Uhr, Erw. 6 €). 2014 wiedereröffnet wurde auch das im Keller integrierte **Rummuseum**, das nicht nur die Herstellung der Spirituose anschaulich erklärt, sondern auch Einblicke in den Dreieckshandel mit Westindien gewährt. Am Museum beginnt der markierte **Kapitänsweg**, der 14 Stationen lang den Spuren Flensburger Reeder und Nautiker folgt. Welche Schiffstypen traditionell in Belten und Sunden, im Kattegat und Skagerrak beheimat waren, verrät der **Museumshafen** samt Werft. Eine Aufgabenrallye und ein Fragequiz machen den Besuch des erdgeschichtlichen Schaumagazins des **Naturwissenschaftlichen Museums** Flensburg interessant, das im ⑬ **Eiszeit-Haus** (Mühlenstr. 7, Tel. 0461 85 25 77, www.eiszeit-haus.flensburg. de, Mai–Sept. 10.30–17.00, Okt.–April bis 16.00 Uhr, Eintritt frei) Fossilien, kristalline Geschiebe und Steine zum Anfassen zeigt. Im Science-Museum ⑭ **Phänomenta** machen 150 interaktive Experimente die Welt der Wissenschaften zum Abenteuer (Norderstr. 157–163, Tel. 0461 14 44 90, www.phaenomenta-flensburg. de, Mo.–Fr. 9.00–18.00, Sa./ So. 11.00–18.00 Uhr, Erw. 11 €). Alte Maschinen, ein rekonstruiertes Hammerwerk und viele Sammlerstücke aus dem Arbeitsalltag des 18. und 19. Jhs. zeigt das **Industriemuseum Kupfermühle**, das im Sommer 2014 in drei historischen Industriehallen der ehemaligen Kupfer- und Messingfabrik eröffnete. Um 1800 war die damals dänische Fabrik die größte Industrieanlage des Herzog-

tums Schleswig. Sie überdauerte den Wechsel von der dänischen zur deutschen Verwaltung und zwei Weltkriege (Messinghof 3, Harrislee, www.industriemuseum-kupfermuehle.de, Sa./ So. 13.00–17.00 Uhr, Erw. 5 €).

UNTERKÜNFTE & RESTAURANTS
Ruhige, saubere Zimmer, die zentral am Hafen und in der Altstadt gelegen sind: Der € € **Flensburger Hof** überzeugt als grundsolides Mittelklassehaus (Süderhofenden 38, 24937 Flensburg, Tel. 0461 707 16 70, www.flensbur gerhof.de).
Köstliche Regionalküche, kuschelige Landhauszimmer, dazu eine 890 m² große Krugtherme und ländliche Ruhe – der € € / € € € **Historische Krug**, der seit 500 Jahren 13 km südlich in Oeversee Gäste empfängt, wird seinem Anspruch als Genießerhotel gerecht (Grazer Platz 1, 24988 Oeversee, Tel. 04630 94 00, www.his torischer-krug.de).

ERLEBEN
Entlang der Förde verlaufen 200 km markierte Radrouten. Der 74 km lange **Gendarmenpfad** (www.gendarmsti.dk/de) führt auf den Wegen der Zöllner, die ab 1920 von dort den Schiffsverkehr überwachten, vom dänischen Padborg bis Höruphaff.

UMGEBUNG
Die einzige Brücke, die Dänemark mit Deutschland verbindet, steht nordöstlich von Wassersleben – der Grenzübergang Schusterkate (www.krusaa-tunneldal.dk) ist der kleinste Nordeuropas. Der Truppenübungsplatz von Harrislee verwandelte sich 1998 in den 415 ha großen Naturerlebnisraum Stiftungsland **Schäferhaus**. Wo einst Panzer rollten, können heute Groß und Klein Natur erleben und verstehen lernen – im Sinnesgarten mit Klangholzinstrument und Windharfe, Hörrohr und Duftbar, im Infozentrum mithilfe der Ausstellungen zur Ostsee und Schlei oder bei vogelkundlichen Führungen, die Di. bis So. um 10.00 Uhr am Vogelwärterhaus starten (www.flensburg -erleben.de/content/stiftungsland-schaefer haus).

INFORMATION
Flensburg Fjord Tourismus GmbH, Rote Straße 15–17, 24937 Flensburg, Tel. 0461 909 09 20, www.flensburg -tourismus.de

⑮ – ⑯ Glücksburg

Um 1209 errichteten die Zisterzienser auf Glücksburger Gebiet ihr Kloster Rude, dessen Ländereien nach der Reformation in die Hände von Johann dem Jüngeren fielen. Dieser verlegte daraufhin seine Residenz von Sønderborg nach Glücksburg (5810 Einw.) und errichtete auf einer Insel im See ein strahlend weißes Wasserschloss, das zur Wiege europäischer Königshäuser wurde. Bis die Siedlung an der Sommerresidenz zur Stadt aufstieg, dauerte es fast 400 Jahre – seit 1871 ist Glücksburg Seebad, seit 1900 besitzt es Stadtrechte.

SEHENSWERT
Als Residenz der Herzöge von Schleswig-Holstein und zeitweiliger Regierungssitz dänischer Könige gehört das ab 1852 erbaute ⑮ **Schloss Glücksburg** – heute eine der schönsten Spielstätten des **Schleswig-Holstein Musik Festival** TOPZIEL (www.shmf.de) – zu den bedeutendsten Schlossanlagen Nordeuropas (www. schloss-gluecksburg.de, Mai–Sept. tgl. 10.00 bis 18.00, Okt. Di.–So. 10.00–18.00, sonst Sa./ So. 11.00–16.00 Uhr, Erw. 8 €). Das Gelände der einstigen Schlossgärtnerei präsentiert heute als 10 000 m² großes Rosarium 550 Rosensorten (Am Schlosspark 2b, Tel. 04631 601 00, www.seaside-garden.de, Mai–Sept. tgl. 10.00 bis 18.00 Uhr, Erw. 3 €).

ERLEBEN
Ist die Ostsee zu kalt, bietet die **Fördeland Therme** mit Erlebnisbecken, Familienrutsche, beheiztem Meerwasseraußenbecken, Feuer-, Aufguss- und Kräutersauna und Dampfbad Badespaß (Sandwigstr. 1A, Tel. 04631 44 40 70, www.foerdelandtherme.de, So.–Do. 10.00 bis 22.00, Fr., Sa. 10.00–01.00 Uhr, Erw. ab 11 €). Wie Energie erzeugt und verwandelt wird, verrät der **artefact Powerpark** mit 30 Stationen (s. S. 52). Deutschlands nördlichster **Nordic-Walking-Park** (www.gluecksburg.de/nor dic-fitness.html) sorgt mit fünf Strecken (4–9 km Länge) für bessere Kondition. Stand-up-Paddling, Kajak fahren und Wassersportutensilien gibt es bei der **Wassersportstation Sandwiginger** – und auch den Strandkorb zum Chillen danach kann man dort mieten (Kirstenstr. 6, Tel. 04614 302 05 05, www.face book.com/sandwiginger).

UNTERKÜNFTE & RESTAURANTS
Das € € / € € € **Strandhotel Glücksburg**, in dem Kaiser Wilhelm beim Besuch mit seiner Jacht ein Kaisermenü mit zwölf Gängen und zehn Weinen genoss, verwöhnt bis heute seine Gäste: mit 33 Zimmern und drei Suiten im skandinavischen Wohlfühlambiente, Haubenküche im Restaurant „Felix" und einer Wellness-Lounge mit drei Saunen, Dampfbad und Massagen (Kirstenstr. 6, 24960 Glücksburg, Tel. 04631 6 14 10, www.strandhotel-gluecks burg.de).
Im Vitalhotel € € € / € € € € **Alter Meierhof** quartiert sich gerne die Prominenz ein (Uferstr. 1, 24960 Glücksburg, Tel. 04631 619 90, www. alter-meierhof.de).

DuMont
Aktiv

UMGEBUNG

Nördlich von Glücksburg ragt die schmale Halbinsel **16 Holnis** 6 km weit in die Flensburger Förde. Auf ihren Wiesen weiden zottelige Galloways und Schottische Hochlandrinder. Ihre Salzwiesen sind Rast- und Brutstätten für See- und Zugvögel. Wer an der naturbelassenen Steilküste wandert, sollte beachten, dass immer wieder Bereiche durch Erosion abbrechen. Die Ursprünglichkeit schützt ein Naturschutzgebiet, das auf die Einsicht der Besucher angewiesen ist: Hunde sind anzuleinen, gewandert werden darf nur auf ausgewiesenen Wegen – nicht die Steilküste hinauf oder in der Sperrzone Sandhaken. Dennoch kommt es immer wieder zu Unfällen. Müllhaufen mitten in der Natur zeugen von Ignoranz.

INFORMATION

TouristServiceCenter, Schlosshotel Glücksburg, 24960 Glücksburg, Tel. 04631 407 70, www.gluecksburg.de

17 Langballig, Unewatt

Ein ganzes Dorf als Museum: In Unewatt verbindet ein ungewöhnliches Museumsprojekt das Dorfleben von heute mit der bewahrten Vergangenheit, die als Landschaftsmuseum Angeln an fünf Stellen im Ort integriert ist.

SEHENSWERT/MUSEUM

Von den fünf Museumsinseln des Landwirtschaftsmuseums Angeln befinden sich vier am Originalstandort. Der **Marxenhof**, der über das Museum und den Rundgang informiert sowie in der Scheune Raum für Events bietet, wurde von Süderbrarup nach Unewatt versetzt. Das aufgestaute Wasser einer kleinen Au trieb die **Buttermühle** an, wo bis 1887 ein Drehbutterfass rotierte. Getreide wurde vom **Galerieholländer Fortuna** (1878) verarbeitet. Der Kätner Ludwig Westerfeld nahm 1894 eine kleine **Lohnräucherei** in Betrieb. Der Rundweg endet an der **Christesen-Scheune**, die in einem Vierseithof von 1895 steht. Die **Drempelscheune** diente als Kuh- und Schweinestall, auf dem Dachboden wurden Stroh und Korn gelagert. Seit 1993 sind hier landwirtschaftliche Maschinen und Geräte ausgestellt (Unewatter Str. 1a, Tel. 04636 10 21, www.museum-unewatt.de, Mai–Sept. Di.–So. 10.00 bis 17.00, April, Okt. Fr.–So. 10.00–17.00 Uhr, Erw. 5 €). Der **Galerieholländer Steinadler** in Westerholz wurde 1876 errichtet, um mit Windkraft eine Ziegelei zu betreiben und Holz zu sägen. Erst nach der Umrüstung 1905 konnte die Mühle, die in der TV-Serie „Der Landarzt" als Kulisse diente, auch Korn mahlen. Windgeschälte Graupen gibt es seit 2012 bei der Mühle „Hoffnung", einem Erdholländer in **Munkbrarup** (www.muehle-munkbrarup.de), in dessen Mahlsaal Trauungen stattfinden.

INFORMATION

Touristinformation Langballig, Süderende 1 24977 Langballig, Tel. 04636/88 80 www.langballig-tourismus.de

---

Genießen   Erleben   Erfahren

Auftanken an der Ostsee

Wenn der Sommer sich verabschiedet, verwandelt sich die Ostseeküste zwischen Fehmarn und Flensburg in einen Gesundbrunnen. Wellness steht hoch im Kurs – „abschalten und auftanken" hat dann Saison. Schon ein Spaziergang am Spülsaum ist Wonne pur. Weit gleitet der Blick über die Bucht. Jeder Atemzug vitalisiert, versorgt den Körper mit Jod, Salz, Aerosolen und Mineralien. Der Meerblick ist autogenes Training open air, das ständige Fließen der Wellen entspannt Körper und Psyche. Das schonende Reizklima der Ostsee wirkt wie ein Jungbrunnen – besonders im Winter.

Im Alten Meierhof von Glücksburg schöpft man in der Hoftherme mit Finnsauna, Tepidarium, Steindampfbad und Heuaromabad neue Kräfte, planscht im 28 Grad warmen Pool im Orientambiente und träumt unter dem dunkelblauen, funkelnden Sternenhimmel an der Decke vor sich hin.

Im Vital Centrum Damp sind alle Kabinen besetzt. „Bitte nicht stören. Wohlfühlzeit", informieren kleine Schildchen vor den Türen. Dahinter wird der Körper mit Sand, Lehm, Algen oder Kreide eingerieben, mit Bernstein massiert, gereinigt, geölt oder gecremt. Acht Saunen entgiften und stärken das Immunsystem. Die schönsten sind die orientalische Zisterne, das römische Laconium und die Farblichtsauna. Das Wellnessangebot ergänzen drei Erlebnisbäder: die Holstein-Therme Bad Schwartau mit ihrem Jodsole-Thermalbad, die Fördeland-Therme bei Glücksburg und die Ostseetherme in Scharbeutz, die einmal im Monat zur Mitternachtssauna lädt.

Auf einen Blick

Hof-Therme im Alten Meierhof, Uferstraße 1, 24960 Glücksburg, www.alter-meierhof.de
Vital Centrum Damp, Seeuferweg 10, 24351 Damp, www.ostsee-resort-damp.de

Ostseetherme, An der Kammer, 23683 Scharbeutz, www.ostsee-therme.de
Holstein-Therme, Am Kurpark 3, 23611 Bad Schwartau, www.holstein-therme.de
Förde-Therme, Sandwigstraße 1A, 24960 Glücksburg, www.foerdelandtherme.de

Im Alten Meierhof wird es dem Gast leicht gemacht, die Seele mal baumeln zu lassen – das Ambiente ist herrlich.

Ostseefreuden pur: am Hafen in Niendorf, am Strand auf Fehmarn, Stand-up-Paddling

Service

Keine Reise ohne Planung. Auf den folgenden Seiten haben wir für Sie Wissenswertes und wichtige Informationen für Ihren Ostsee-Urlaub zusammengestellt.

Anreise

Auto: Die Hauptroute an die Ostseeküste Schleswig-Holsteins ist die in den Sommermonaten konstant überlastete A1, die von Hamburg via Lübeck vorbei an den Badeorten der Lübecker Bucht und des Ostseeferienlands bis nach Puttgarden führt. Am A1-Autobahnkreuz Bargteheide zweigt die A21 via Bad Segeberg nach Kiel ab, am Autobahnkreuz Lübeck die Ostseeautobahn A20 nach Wismar, Rostock und Greifswald. Eutin und die Holsteinische Schweiz werden von der A1 von der Abzweigung Haffburg auf der viel befahrenen Bundesstraße B76 erreicht. Für alle, die die nördliche Ostsee Schleswig-Holsteins besuchen möchten, empfiehlt sich die Fahrt auf der A7 via Schleswig nach Flensburg. Von der A7

Tipp

Hanse-Hörbuch

Wie sich die Kaufleute an der Nord- und Ostsee im Hochmittelalter zur Hanse zusammenschlossen, um als wirtschaftlich und politisch einflussreiche Gemeinschaft ihre Interessen gegenüber fürstlichen und kirchlichen Herrschern durchzusetzen, das schildert die ARD-Journalistin Sibylle Hoffmann in ihrem packenden Hörbuch. Zum klingenden Geschichtsbuch wird die CD durch die vielen Musikbeispiele der Hansezeit (Silberfuchs-Verlag, 2013, www.silberfuchs-verlag.de).

führen bei Bordesholm die Abzweigung A210 nach Kiel sowie die Bundesstraße B430 nach Plön.

Bahn: Mit allen vier Hamburger Fernbahnhöfen, Lübeck, Kiel, Neumünster, Oldenburg/Holstein, Puttgarden, Schleswig und Flensburg ist die Region gut ins ICE-Netz integriert und im Ein- bzw. Zweistundentakt von deutschen Bahnhöfen aus erreichbar (www.bahn.de). Fahrradtransport im Vorausversand oder als Mitnahme ist möglich.

Von Mitte März bis Ende Oktober setzt die Deutsche Bahn AG (www.bahn.de) samstags und sonntags ab Hamburg auf täglich zwei Fahrten einen Doppelstockwagen als Sonderzug ein, der in Lübeck geteilt wird. Der „Hamburger Strand-Express" erschließt die Küstenorte Lübeck, Timmendorfer Strand, Scharbeutz, Haffkrug, Sierksdorf, Lensahn, Oldenburg i. H., Großenbrode, Burg auf Fehmarn und Puttgarden. Der Holsteinische-Schweiz-Express fährt über Eutin, Bad Malente-Gremsmühlen und Plön bis nach Kiel (www.bahn.de/regio-sh).

Bus: Mit den rund 800 landesweiten Linien der Autokraft (www.autokraft.de) und den Bussen der NOB (www.nob.de), die in Eutin und im mittleren Ostholstein unterwegs sind, erreicht man (fast) jeden Winkel in der Region. Vom Hamburger Flughafen fährt der „Kielius" täglich 19-mal via Neumünster nach Kiel (www.bahn.de/autokraft/view/angebot/kielius/kielius-ueb.shtml). Der Traveliner verkehrt 13-mal pro Tag zwischen Hamburg Airport und Lübeck (www.bahn.de/autokraft/view/angebot/traveliner/traveliner-ueb.shtml). In Ostholstein bietet Autokraft zudem den „Anrufbus-Service", der Ausflügler oder Wanderer daheim abholt und täglich zwischen 8.00 und 19.30 Uhr zum gewünschten Ziel bringt.

Flug: Drehkreuz des Nordens ist der Hamburg Airport (www.hamburg-airport.de), der innerdeutsch von Germanwings, Lufthansa, Condor, TUIfly, Ryanair und Airberlin angeflogen wird. Aus Basel heben SWISS, TUIfly und easyjet nach Hamburg ab, aus Zürich geht es mit Lufthansa und SWISS in die Elbmetropole. Aus Innsbruck und Salzburg wird Hamburg mit TUIfly erreicht, aus Klagenfurt mit Condor. Lufthansa, Germanwings, Airberlin und Austrian Airlines heben von Wien nach Hamburg ab. Der Flughafen Lübeck-Blankensee ist Drehkreuz von Wizzair mit Ziel Osteuropa – innerdeutsche Verbindungen gibt es nicht (www.flughafen-luebeck.de). Vom Flugplatz Kiel Airport (www.airport-kiel.de) starten ausschließlich Taxi-, Rund- und Segelflüge. Der Flensburger Flugplatz (www.flensburger-flughafen.de) ist ein beliebter Startplatz zum Inselhopping in der dänischen Südsee.

Auskunft

Schleswig-Holstein
Tourismus-Agentur Schleswig-Holstein GmbH
Wall 55, 24103 Kiel, Tel. 0431 60 05 83
www.sh-tourismus.de

Ostseeküste
Ostsee-Holstein-Tourismus e.V.
Am Bürgerhaus 2, 23683 Scharbeutz
Service-Hotline Tel. 0450 388 85 25
www.ostsee-schleswig-holstein.de
www.facebook.com/OstseeSH

App/Internet: Veranstaltungs-, Ausflugs- und Gastrotipps bietet die kostenlose ostsee*App, die im App-Store oder unter www.app-ostsee.de erhältlich ist. Bei der Suche nach dem perfekten Strand hilft www.strandfinder.de mit Infos z. B. zu Strandtyp, FKK und Vierbeinern.

Camping

Mitten in der Natur oder mitten im Trubel? Mit 116 Campingplätzen an der Ostseeküste und weiteren elf Plätzen in der Holsteinischen Schweiz findet jeder Besucher den richtigen Platz für sein Zelt, Wohnmobil oder seinen Caravan. Zu den schönsten Plätzen Europas zählen die folgenden:

Camping und Ferienpark Wulfener Hals, Wulfener-Hals-Weg 100, Ortsteil Wulfen, 23769 Fehmarn, www.wulfenerhals.de
Campingplatz Ostsee, Katharinenhof, 23769 Fehmarn, www.camping-katharinenhof.de
Insel-Camp Fehmarn, 23769 Meeschendorf/Fehmarn, www.inselcamp.de
Naturcampingplatz Spitzenort, Ascheberger Straße 76, 24306 Plön am See, www.spitzenort.de
Ostsee-Camping Rosenfelder Strand, Rosenfelder Strand 1, 23749 Rosenfelde-Grube/Ostholstein, www.rosenfelder-strand.de
Ostsee Camping Familie Heide, Strandweg 31, 24369 Klein Waabs, www.waabs.de

Events

Kultur, Sport und Kulinarik: Der Veranstaltungskalender wartet das ganze Jahr über mit Highlights auf, die Sie nicht verpassen sollten!

Januar
Hohwachter Strandleuchten, www.hohwachterbucht.de
Schleswig-Holstein Gourmet-Festival, diverse Orte, bis März, www.gourmetfestival.de

Februar
Preetz, Kulturnacht, www.preetzer-kulturnacht.de
Scharbeutz

März
Haithabu, Frühlingsmarkt, www.schloss-gottorf.de/haithabu/angebote
Probstei, Kunstforum, www.probstei.de
Timmendorfer Strand, Beach Dining, www.timmendorferstrand.de

April
Flensburg, Folk Baltica, www.folkbaltica.de
Lübeck, Brahms-Festival, www.mh-luebeck.de
Schleswig, Gottorfer Hofmusik, www.schloss-gottorf.de
Timmendorfer Strand, Ostseelauf, www.ostseelauf.com

Tipp

Urlaub à la carte

Kostenlosen Strandzugang in 19 Orten und Ermäßigungen bei vielen Attraktionen bietet die Ostsee Card, die Übernachtungsgäste in den Tourismusbüros sowie von den Vermietern vor Ort erhalten. Der Preis der Ostsee Card ist von Ort zu Ort unterschiedlich und hängt vom Leistungsumfang ab, der über die Kurtaxe abgedeckt wird.

Weissenhäuser Strand, Baltic Soul, www.balticsoul.de

Mai
Dahme, Oldietage, www.dahme.com
Eckernförde, Aalregatta, www.aalregatta.de
Fehmarn, Rapsblütenfest, www.rapsbluetenfest-fehmarn.de
Flensburg, Rumregatta, www.rumregatta.de
Großenbrode, Kulinarische Meile, www.grossenbrode.de
Kappeln, Heringstage, www.heringstage-kappeln.de
Kellenhusen, Himmelfahrtsparty, www.kellenhusen.de
Plattfischtage, www.seebad-kellenhusen.de
Lübeck, Tag der Hanse, www.hanse.org

Fehmarn, Surffestival, www.surffestival.de
Schleswig, Gottorfer Landmarkt, www.schloss-gottorf.de
Timmendorfer Strand, Beach Polo, http://bpe.mmh.ag
Travemünde, Travemünde JAZZT, www.travemuende-tourismus.de
Weltfischbrötchentag, diverse Orte, www.weltfischbroetchentag.de

Juni
Kiel, Kieler Woche, www.kieler-woche.de
Malente, Kneipp-Festival, www.bad-malente.de
Heiligenhafen, Klassik im Sand, www.heiligenhafen-touristik.de
Schönberg, Deich- und Salzwiesenlauf, www.schoenberg.de

Info

Daten & Fakten

Lage & Landesnatur: Die 384 km lange Ostseeküste Schleswig-Holsteins grenzt im Norden und Nordosten an Dänemark, im Südosten an Mecklenburg-Vorpommern. Als erdgeschichtlich junges Meer entstand die Ostsee mit dem Abschmelzen des nordischen Inlandeises. Durch die gleichzeitige Hebung Skandinaviens wurde die Ostsee zum Süßwassersee. Ihre vielgestaltige Küste mit tief ins Land reichenden Förden, weiten, sandigen Buchten und Steilufern mit Brandungshohlkehlen und großen Findlingen formten die Gletscher der letzten Eiszeit. Ebenfalls ein Ergebnis der Weichseleiszeit ist die Holsteinische Schweiz in der historischen Landschaft Wagrien, wo der Bungsberg (169 m) die höchste Erhebung des nördlichsten deutschen Bundeslands ist.

Bevölkerung: Mit 2,8 Mio. Einwohnern auf 15 799,38 km² Fläche ist Schleswig-Holstein nach dem Saarland der zweitkleinste Flächenstaat. Seine Bevölkerungsdichte von 179 Einwohnern pro km² liegt unter dem Bundesdurchschnitt und täuscht über die geografische Ungleichheit hinweg – im Schleswiger Landesteil ist die Besiedlung dünner, im Umland der Städte Lübeck und Kiel deutlich höher. Typisch für die Ostseeküste Schleswig-Holsteins ist der bundesweit niedrigste Ausländeranteil – und der höchste Anteil von Flüchtlingen und Vertriebenen aus Hinterpommern und Ostpreußen, die nach dem Zweiten Weltkrieg in Schleswig-Holstein eine neue Heimat fanden. Größter Ballungsraum an der Ostseeküste ist die Landeshauptstadt Kiel (243 000 Einw.), gefolgt von der Hansestadt Lübeck (214 420 Einw.), Flensburg (84 600 Einw.), Rendsburg (27 300 Einw.), Schleswig (24 035 Einw.) und Eckernförde (21 800 Einw.).

Wirtschaft: Schleswig-Holsteins Wirtschaft ist in den letzten Jahren deutlich über dem Bundesdurchschnitt gewachsen. Die Basis dafür legte die Fokussierung auf sechs zukunftsfähige Kompetenzfelder (Erneuerbare

Energien & Energieeffizienz, Logistik, Gesundheit & Welfare Technology, Tourismus & Erlebniswirtschaft, Ernährungswirtschaft und Wissen) sowie die verstärkten Kooperationen mit Skandinavien, den baltischen Staaten und Russland. Zudem ist die Strukturwende in traditionellen Wirtschaftszweigen wie der maritimen Wirtschaft nahezu abgeschlossen: 47 000 Beschäftigte erzielten in diesem Bereich 2012 einen Jahresumsatz von 8,5 Mrd. €. Kernbereich ist der Schiffbau mit sieben Seeschiffswerften und vielen Zulieferbetrieben. Größter Ostseehafen ist Lübeck; Travemünde und Kiel sind beliebte Ziele für Kreuzfahrer und Fährhäfen nach Skandinavien. Der Nord-Ostsee-Kanal („Kiel Canal") ist die meistbefahrene künstliche Seeschifffahrtsstraße der Welt.

In rasantem Wachstum begriffen sind die Erneuerbaren Energien. Mit 10 000 MW installierter Leistung an Land ist Schleswig-Holstein heute Energieexporteur; ausgebaut wird jetzt die Offshore-Windenergie. Rund 39 000 Menschen arbeiten in etwa 20 000 Firmen der Informationstechnologie, Telekommunikation und Medien.

Im ländlichen Raum sichert die Ernährungswirtschaft, die 2015 mit 20 000 Beschäftigten 7 Mrd. € umsetzte, zahlreiche Arbeitsplätze. Exportschlager aus Schleswig-Holstein sind vor allem Fleisch- und Milchprodukte, sowie Süßwaren. In der Wachstumsbranche Life Sciences (Biowissenschaften), in der 178 000 Menschen tätig sind, kooperiert Schleswig-Holstein eng mit Hamburg. Fast genauso groß ist mit 143 700 Beschäftigten der Tourismussektor, der jährlich rund 6,9 Mrd. € Jahresumsatz erwirtschaftet. Beliebteste Urlaubsregion ist die Ostsee, wo jährlich 2,8 Mio. Besucher für rund 10 Mio. Nächtigungen sorgen. Nach der Nordsee folgt auf Platz drei die Holsteinische Schweiz mit fast 900 000 Übernachtungen von 190 000 Gästen im Jahr.

Aktivitäten für Groß und Klein: Bootsfahrt im Wallmuseum Oldenburg, Zinngießen bei den Wikingertagen in Schleswig

Juli

Landesweit: Schleswig-Holstein Musik Festival,
www.shmf.de
Eutin, Festspiele, bis August,
http://eutiner-festspiele.de
Fehmarn, Hafenfest,
www.erlebnishafen-burgstaaken.de
Deutscher Windsurf Cup, http://windsurfcup.de
Flensburg, Dampf Rundum,
www.flensburger-dampf-rundum.de
Grömitz, Musik über dem Meer,
www.groemitz.de
Schönberg, Seebrückenfest,
www.schoenberg.de
Oldenburg, Slawentage,
www.oldenburger-wallmuseum.de
Süderbrarup, Brarupmarkt,
www.brarupmarkt.de
Travemünde, Promenadenfest,
www.travemuende-tourismus.de

August

Eckernförde, Piratenspektakel,
www.ostseebad-eckernfoerde.de/piraten
spektakel.html

Glücksburg, OstseeMan, www.ostseeman.de
Großenbrode, Promenadenfest,
www.grossenbrode.de
Grömitz, Ostsee in Flammen,
www.groemitz.de
Heiligenhafen, Kult(o)urnacht,
www.kultournacht.de
Fisch- & Weinfest, www.heiligenhafen
-touristik.de
Lübeck, Ducksteinfestival,
www.duckstein-festival.de
Lübecker Museumsnacht,
www.die-luebecker-museen.de
Plön, Stadtbuchtfest, www.holsteinische
schweiz.de/stadt-bucht-fest
Scharbeutz, Straßenkünstlerfestival,
www.luebecker-bucht-ostsee.de/
region-scharbeutz
Schönhagen, Strandfest,
www.schoenhagen-ostsee.de
*Timmendorfer Strand, Deutsche Beachvolley-
ball-Meisterschaften,* www.beach-volleyball.de
Travemünde, Fischerfest,
www.travemuende-tourismus.de

Info

Geschichte

13. Jhtsd. v. Chr.: Die ältesten menschlichen Spuren in Schleswig-Holstein stammen aus Lagern von Rentierjägern, die mit Pfeil und Bogen, Axt und Harpune jagen.

um 9000–8000 v. Chr.: Neolithische Revolution: Die Jäger und Sammler werden sesshaft, Ackerbau und Viehzucht kommen auf.

3. Jhtsd. v. Chr.: Rodungen, Dörfer, Weiden und Äcker belegen erste geplante Eingriffe in die natürliche Vegetation. Das Pferd wird domestiziert, das Steinbeil zum wichtigsten Werkzeug. Von den vielen Megalithanlagen jener Zeit sind heute rund 100 erhalten.

Um Christi Geburt: Im heutigen Schleswig-Holstein leben die Angeln, ein bereits von Tacitus um 98 n. Chr. erwähnter germanischer Volksstamm. Ihr Stammland zwischen Schlei und Flensburger Förde heißt noch immer nach ihnen.

3.–5. Jh.: Völkerwanderung: Die Angeln verlassen die Schleiregion in Richtung England.

6.–8. Jh.: Von Norden dringen Dänen, von Süden Slawen ins Land.

650: Anlage des Dannewerks zum Schutz der dänischen Südgrenze – bis 1200 werden 30 km Wälle zur Verteidigung angelegt.

770: Gründung von Haithabu, das die Wikinger zum bedeutenden Handelsplatz ausbauen. 1066 wird er von den Slawen zerstört.

811: Die Eider wird zur Grenze zwischen dem Dänen- und Karolingerreich bestimmt (bis heute Grenze zw. Holstein und Schleswig).

9.–12. Jh.: Trotz Krieg und Pest verdoppelt sich fast die Bevölkerung von 230 000 (850) auf 430 000 (1225).

1111: Adolf I. von Schauenburg erhält die Grafschaften Stormarn und Holstein. Kolonisierung und Missionierung des slawischen Wagriens.

1227: Schlacht von Bornhöved: Dänenkönig Waldemar II. scheitert beim Versuch, Holstein seinem Reich einzuverleiben.

1250: Die Hanse wird zu einem bedeutenden Macht- und Wirtschaftsfaktor, Lübeck entwickelt sich zu einer Drehscheibe des Ost-West und Nord-Süd-Handels.

1358: In Lübeck wird der erste Hansetag abgehalten.

1386: Die Schauenburger Grafen erhalten Schleswig als Lehen; Schleswig und Holstein sind erstmals im Wappen vereint.

1460: Mit Graf Adolf VIII. verstirbt der letzte Schauenburger Graf. In Schleswig und Holstein regieren jetzt die Oldenburger, seit dem Jahr 1448 auch Könige von Dänemark. Christian I. verspricht, dass beide Landesteile „op ewig ungedeelt" bleiben.

1700–1772: Nordischer Krieg.

1800: Schleswig-Holstein ist nun mit Ausnahme des Herzogtums Sachsen-Lauenburg dänisch; Altona, heute ein Stadtteil von Hamburg, ist die größte dänische Stadt nach Kopenhagen.

1848–1851: Schleswig-Holsteinischer Krieg; Sieg der Dänen bei Idstedt.

1864: Deutsch-Dänischer Krieg; Preußen und Österreich gewinnen.

1867: Schleswig-Holstein wird zu einer preußischen Provinz.

1918: Der Kieler Matrosenaufstand (Novemberrevolution) erfasst ganz Deutschland.

1920: Volksabstimmung: Südschleswig wird preußisch, Nordschleswig dänisch.

1934: Schleswig-Holstein ist eine Hochburg der NSDAP.

28./29. März 1942: Luftangriffe auf Lübeck.

3. Mai 1945: Cap-Arcona-Tragödie: Die britische Luftwaffe bombardiert bei ihrem letzten Großangriff Schiffe auf der Ostsee. Versenkt wird auch MS Cap Arcona mit Tausenden KZ-Häftlingen an Bord.

23. Mai 1945: Die geschäftsführende Reichsregierung unter Karl Dönitz wird in Flensburg von den Briten verhaftet. Flüchtlinge aus Ostpreußen und Hinterpommern strömen in das Land.

1948: Gründung des Südschleswigschen Wählerverbandes (SSW) als Partei der dänischen Minderheit.

1949: Schleswig-Holstein wird Bundesland.

1993: Heide Simonis (SPD) wird erste Ministerpräsidentin der Bundesrepublik.

1999: Günter Grass erhält den Nobelpreis für Literatur.

2005: Peter Harry Carstensen (CDU) wird neuer Ministerpräsident (bis 2012).

2008: Deutschland und Dänemark unterzeichnen einen Staatsvertrag zur festen Fehmarnbelt-Querung. Im Jahr 2020 soll der Tunnel eingeweiht werden.

2009: In Lübeck beginnt die größte archäologische Grabung in der Geschichte der Hansestadt.

2012: Bei Stohl entdecken Forscher der Universität Kiel vor der Ostseeküste bei Stohl die ältesten Menschenknochenfunde Schleswig-Holsteins. Diese sind rund 7400 Jahre alt und belegen eine Besiedlung der Küste seit der Mittelsteinzeit.

6. Mai 2012: Der Kieler Bürgermeister Torsten Albig (SPD) wird nach der Landtagswahl neuer Ministerpräsident.

2013: 100 Jahre Nord-Ostsee-Kanal.

2016: Landesgartenschau Eutin.

Mörderspannung

Dietlind Kreber (Hrsg.), **Mörderische Ostseegerichte.** Scharbeutz: Windspiel-Verlag 2011. Beim Kochwettbewerb werden alljährlich die besten „Ostseegerichte" gekürt. Die 13 prämierten Restaurants inspirierten regionale Autoren zu mörderischen Kurzgeschichten mit den Originalrezepten der Sieger. Petra Tessendorf (Hrsg.), **Mörderische Ostsee.** Scharbeutz: Windspiel-Verlag 2011. 14 Morde in acht Badeorten zwischen Fehmarn und Kiel – der kriminelle Reiseführer, für den bekannte Autoren wie Jan von der Bank („Tatort", „Der Alte", „Küstenwache") schrieben, sorgt für Spannung im Strandkorb.

September
Eckernförde, Green Screen Naturfilmfestival, www.greenscreen-festival.de
Flensburg, Honky Tonk-Musik & Kneipenfestival, www.honky-tonk.de
Schönberg, Herbstmarkt, www.probstei-museum.de
Oktober
Grömitz, StrandFood-Festival, www.groemitz.de
Kellenhusen, Hubertuswochen, www.kellenhusen.de/hubertuswochen.php
Landmarkt Unewatt, www.museum-unewatt.de
Lübeck, Nordische Filmtage, bis Anfang November, www.luebeck.de/filmtage/de/index.html
Travemünde, Travemünde tanzt, www.travemuende-tourismus.de
Beach Derby, www.beach-derby.de
November
Scharbeutz, Hundstag, www.luebecker-bucht-ostsee.de/region-scharbeutz
Dezember
Stimmungsvolle Weihnachtsmärkte in Eckernförde, Eutin, Heiligenhafen, Hohwacht, Kiel, Neustadt, Probsteierhagen, Schönberg und Lübeck (das so prächtig und vielfältig wie kein anderer Ort an der Ostseeküste den Lichterglanz des Advents romantisch inszeniert)
Flensburg, Grog-Törn, www.museumshafen-flensburg.de
Scharbeutz, Dünenmeile on Ice, www.duenenmeile-on-ice.de (Weihnachten–Neujahr)
Veranstaltungskalender im Internet: www.ostsee-schleswig-holstein.de/veranstaltungen.html

Ferien auf dem Bauernhof/Heuhotels

Im Schlafsack weich liegen und den Duft von frischem Heu einatmen: Einmal beim Bauern rustikal in der Scheune zu schlafen, ist ein unver-

gessliches Erlebnis, das immer mehr Höfe an der Ostseeküste bieten. Die auf der Internetplattform www.landsichten.de vorgestellten Heuherbergen wurden von der Landwirtschaftskammer Schleswig-Holstein zugelassen.

Ferien mit Kindern

Die Ostseeküste ist generell ein Paradies für Kinder und eignet sich ideal für einen erlebnisreichen Familienurlaub. Besonders kinderfreundliche Bauernhöfe und Landurlaubshöfe zeichnet der Tourismusverband Schleswig-Holstein mit dem Gütesiegel „KinderPlus" aus.

Jugendherbergen

18 Jugendherbergen gibt es an der Ostseeküste Schleswig-Holsteins, zwei Häuser in der Holsteinischen Schweiz (Bad Malente, Plön) empfangen Einzelreisende, Gruppen und Familien, die einen Jugendherbergsausweis haben. Die Mitgliedskarten gibt es beim Deutschen Jugendherbergswerk (DJH, www.jugendherberge.de), Informationen zu den Jugendherbergen in Hamburg und Schleswig-Holstein beim Landesverband Nordmark (nordmark.jugendherberge.de). Zum Angebot gehören oft Freizeit- und Ferienprogramme für Kinder ab acht Jahren, Jugendliche und Erwachsene: von Kreativem, Kochen oder Kanu bis hin zu Yoga oder Surfen.

Restaurants

Ausgewählte Restaurantempfehlungen werden auf den Infoseiten der jeweiligen Kapitel vorgestellt. Dabei gelten folgende Preiskategorien:

Preiskategorien

€ € € €	Hauptspeisen	über 30	€
€ € €	Hauptspeisen	20–30	€
€ €	Hauptspeisen	10–20	€
€	Hauptspeisen	unter 10	€

Sport

Angeln: Für Petrijünger sind die Ostseeküste und die vielen Seen und Flüsse des Hinterlandes ein reich gefülltes, vielfältiges Revier. In den Sommermonaten bieten sich die besten Chancen auf einen guten Fang vom Boot aus. Von September bis Mai steigen die Fische in der sich abkühlenden See auf und nähern sich dem Küstensaum – dann können auch vom Strand oder von der Seebrücke aus Dorsch, Butt und Hering aus den Fluten gezogen werden. Wer Meerforellen nachstellen will, sollte sich für das Schleppangeln entscheiden und mit der Wathose für den Wurf weit ins Wasser gehen. Besonders gute Fangchancen für Meerforellen gibt es in den Mündungsgebieten von Schlei und Trave. Zander, Flussbarsch, Karpfen, Schleie und Hecht tummeln sich in den Binnengewässern. Über die fischereirechtlichen Auflagen und lokale Besonderheiten beim Angeln informiert der Landessportfischereiverband Schleswig-Holstein (www.lsfv-sh.de). Gäste, die nicht aus Schleswig-Holstein stammen, benötigen einen Urlaubsfischereischein, der 28 Tage lang gültig ist.

Golf: Grüne Fairways am blauen Meer: Mit 20 ganzjährig bespielbaren Golfplätzen und 26 Golfhotels ist die Ostseeküste ein herrliches

Im Gutshof-Café Wintershagen, Sierksdorf: Wer könnte bei solchen Tortenspezialitäten schon widerstehen?

Terrain für Golfer. Wer mehrere Plätze kennenlernen möchte, der kann mit der golfküsten*card fünfmal 18-Löcher zum Preis von 169 € spielen. Mit der golfküsten*-card flexi kann man innerhalb eines Jahres fünfmal 18-Löcher auf 35 Golfanlagen zum Preis von 169 € spielen. Infos zu den Golfclubs erteilt der Golfverband Schleswig-Holstein e.V. (www.gvsh.de), über Golfanlagen, Vorteilskarten und Hotels informiert die Golf in Schleswig-Holstein GmbH auf www.golfkueste.de.

Nordic Walking: 35 Orte zwischen Glücksburg und Travemünde haben sich auf Nordic Walking spezialisiert und 107 Routen von zwei bis 16 km ausgewiesen und so bereits ein 800 km großes Streckennetz geschaffen, das weiter ausgebaut wird.

Rad fahren: Schleswig-Holstein ist traditionell ein Radfahrerland, besonders gut ausgebaut wurde die Infrastruktur für Radfahrer an den Küsten und in der Holsteinischen Schweiz. Groß im Kommen sind Elektroräder, die heute in fast allen Urlaubsorten im Angebot sind. 30 Badeorte säumen den 440 km langen Ostseeküsten-Radweg, der von Glücksburg bis Travemünde und weiter gen Osten führt. Die rund 200 km lange Holsteinische-Schweiz-Radtour erschließt eine abwechslungsreiche Landschaft, die die letzte Eiszeit mit sanften Hügeln und vielen Seen geformt hat. Den Spuren, die die vordringenden Gletscher hinterlassen ha-

ben, folgt die 46 km lange Eiszeittour Eckernförder Bucht. In einem Tag gut zu schaffen ist die 67 km lange Rundtour im OstseeFerienLand von Grömitz aus. Start und Ziel der 61 km langen Maritimroute durch die Probstei ist der Jachthafen von Laboe. Geführte Touren mit Elektrofahrrädern bietet das Zweiradhaus Scheibel an, das auch E-Bikes verleiht (Auf dem Hasenkrug 2a, Lütjenburg, Tel. 04381 46 90, www. e-biketours.de). Kartenmaterial und GPS-Tracks für Radfahrer gibt es unter www.ostsee-schleswig-holstein.de/radfahren.html. Bei der Planung einer eigenen Radtour hilft die Website www.sh-tourismus.de/radroutenplaner weiter. Fahrradfreundliche Unterkünfte findet man bei www.bettundbike.de.

Reiten: Fast 50 Reiter- und Ferienhöfe laden ein, die schönsten Wochen des Jahres an der Ostsee Schleswig-Holsteins und in der Holsteinischen Schweiz hoch zu Ross zu verbringen. Auf Kinder warten Haflinger, Shetland-, Norweger- und Island-Ponys. Auf www.ostsee-schleswig-holstein.de werden sämtliche Anbieter in einem kostenlos downloadbaren PDF vorgestellt.

Herrlich entspannend sind auch Kutschfahrten durch das Hinterland der Küste, wie sie etwa das Gut Panker anbietet – dort können Gäste im Rahmen von Schnupperkursen lernen, selbst eine Kutsche zu lenken sowie in mehrtägigen Lehrgängen die Abschlussprüfung zum

Deutschen Fahrabzeichen ablegen – Vorkenntnisse sind nicht erforderlich (www.pferde-fahren-panker.de)!

Wassersport: Segeln, Windsurfen, Seekajak und Tauchen sind Traditionssportarten an der Ostseeküste, Kite-Surfing und Stand-up-Paddling (SUP) die neuen Trends. Die Seen und Flüsse im Hinterland sind fest in der Hand der Kanuten. Auf www.ostsee-schleswig-holstein.de/segeln.html wird das Segelrevier mit Infokarte, Segelveranstaltungen, Mitsegel-Angeboten und Infos zum Jachtcharter vorgestellt. Eine Detailsuche erlaubt, die passende Segelschule zu finden.

Unterkunft

Ausgewählte Unterkunftstipps werden auf den Infoseiten der jeweiligen Kapitel vorgestellt. Dabei gelten folgende Preiskategorien:

Preiskategorien

€ € € €	Doppelzimmer	über 270 €
€ € €	Doppelzimmer	200 – 270 €
€ €	Doppelzimmer	120 – 200 €
€	Doppelzimmer	80 – 120 €

Register

Impressum

2. Auflage 2017
© DuMont Reiseverlag, Ostfildern

Verlag: DuMont Reiseverlag, Postfach 3151, 73751 Ostfildern, Tel. 0711/45 02-0,
Fax 0711/4502-135, www.dumontreise.de
Geschäftsführer: Dr. Thomas Brinkmann, Dr. Stephanie Mair-Huydts
Programmleitung: Birgit Borowski
Redaktion: Julia Wilhelm, Susanne Junker (red.sign, Stuttgart)
Text: Hilke Maunder
Exklusiv-Fotografie: Sabine Lubenow
Titelbild: laif/Dagmar Schwelle
Zusätzliches Bildmaterial: S. 8/9 laif/Dagmar Schwelle, S. 14/15 mauritius
images/Alamy/Björn Deutschmann, S. 20 o. Shutterstock/Nearbirds, M. mauritius
images/Prisma/Katja Kreder, u. l. Getty Images/Johnér/Magnus Melin, u. r.
mauritius images/Nora Frei, S. 21 o. Liberty Movie Ballooning, u. l. SeeHuus
Lifestyle Hotel, u. r. Ferien- und Freizeitpark Weissenhäuser Strand, S. 37 o. r.
DuMont Bildarchiv/Katja Kreder, S. 38 l. picture-alliance/ZB/Jens Büttner, S. 52 u.
picture-alliance/blickwinkel/McPhoto, S. 53 picture-alliance/Bildagentur-online,
S. 55 r. DuMont Bildarchiv/Katja Kreder, S. 56 r. o. picture-alliance/Chromorange/
Monika Wirth, S. 66 o. l. Ostsee Resort Damp, o. r. Shutterstock/Nearbirds,
u. l. TSNT, u. r. www.drohnen-online.net, Jörg Ledergerber und Marco van
Nuland, S. 67 o. l. laif/Thomas Linkel, o. r. laif/Dagmar Schwelle, u. Strandhotel
Glücksburg, S. 70 l. und r. DuMont Bildarchiv/Arco/J. de Cuveland, r. u. DuMont
Bildarchiv/Katja Kreder, S. 71 o. iStockphoto/wip-studiolublin, S. 77 o. l. www.
eonhansecup.de, S. 84 r. o. DuMont Bildarchiv/Katja Kreder, S. 94 l. mauritius
images/Alamy/Hilke Maunder, M. o. mauritius images/foodcollection, M. u. Hof
Klostersee e.V., r. o. Shutterstock/Nearbirds, S. 95 l. o. Hof Klostersee e.V., r. o.
Getty Images/Jamie Grill, M. picture-alliance/dpa/Lukas Schulze, u. mauritius
images/Nora Frei, S. 98 r. DuMont Bildarchiv/Katja Kreder
Grafische Konzeption, Art Direktion, Layout: fpm factor product münchen
Cover Gestaltung: Neue Gestaltung, Berlin
Kartografie: © MAIRDUMONT GmbH & Co. KG, Ostfildern
Kartografie Lawall (Karten für „Unsere Favoriten")
DuMont Bildarchiv: Marco-Polo-Straße 1, 73760 Ostfildern,
Tel. 0711 45 02-266, Fax 0711 45 02-1006, bildarchiv@mairdumont.com

Für die Richtigkeit der in diesem DuMont Bildatlas angegebenen Daten –
Adressen, Öffnungszeiten, Telefonnummern usw. – kann der Verlag keine
Garantie übernehmen. Nachdruck, auch auszugsweise, nur mit vorheriger
Genehmigung des Verlages. Erscheinungsweise: monatlich.

Anzeigenvermarktung: MAIRDUMONT MEDIA, Tel. 0711 450 20, Fax
0711 45 02 10 12, media@mairdumont.com, http://media.mairdumont.com
Vertrieb Zeitschriftenhandel: PARTNER Medienservices GmbH, Postfach
810420, 70521 Stuttgart, Tel. 0711 72 52-212, Fax 0711 72 52-320
Vertrieb Abonnement: Leserservice DuMont Bildatlas,
Zenit Pressevertrieb GmbH, Postfach 810640, 70523 Stuttgart,
Tel. 0711/7252-265, Fax 0711/7252-333,
dumontreise@zenit-presse.de
Vertrieb Buchhandel und Einzelhefte: MAIRDUMONT
GmbH & Co. KG, Marco-Polo-Straße 1, 73760 Ostfildern, Tel.
0711 45 02 0, Fax 0711 45 02 340
Reproduktionen: PPP Pre Print Partner GmbH & Co. KG, Köln
Druck und buchbinderische Verarbeitung: NEEF +
STUMME premium printing GmbH & Co. KG, Wittingen, Printed
in Germany

FSC
www.fsc.org
MIX
Papier aus ver-
antwortungsvollen
Quellen
FSC® C001857

Sri Lanka

Ein Tropenparadies
Lassen Sie sich mit hervorragenden Bildern einstimmen auf ein ganz besonderes Land.

Das Wissen vom Leben
Alles was Sie über Ayurveda wissen sollten.

Der Weg zum Frieden
Hintergründe und Fakten zum Bürgerkrieg, der das Land bis 2009 in Atem hielt.

Rhön

Barock und bischöflich
Das ist nur die eine Seite von Fulda. In den Gassen der Stadt pulsiert das Leben.

Natur erleben
Das geht nirgends besser als bei einer Tour mit dem Ranger im Biosphärenreservat.

Wonnen des Wassers
Kuren und Badespaß haben Tradition.

www.dumontreise.de

Lieferbare Ausgaben

DEUTSCHLAND
119 Allgäu
092 Altmühltal
105 Bayerischer Wald
180 Berlin
162 Bodensee
175 Chiemgau, Berchtesg. Land
013 Dresden, Sächs. Schweiz
152 Eifel, Aachen
157 Elbe und Weser, Bremen
168 Franken
020 Frankfurt, Rhein-Main
112 Freiburg, Basel, Colmar
028 Hamburg
026 Hannover zw. Harz u. Heide
042 Harz
023 Leipzig, Halle, Magdeburg
131 Lüneburger Heide, Wendland
038 Mecklenburg-Vorpommern
033 Mosel
047 Münsterland
015 Nordseeküste
    Schleswig-Holstein
006 Oberbayern
161 Odenwald, Heidelberg
035 Osnabrücker Land, Emsland
002 Ostfriesland, Oldenb. Land
164 Ostseeküste
    Mecklenburg-Vorpommern
154 Ostseeküste
    Schleswig-Holstein
136 Pfalz
040 Rhein zw. Köln und Mainz
185 Rhön
186 Rügen, Usedom, Hiddensee
137 Ruhrgebiet
149 Saarland
182 Sachsen
081 Sachsen-Anhalt
117 Sauerland, Siegerland
159 Schwarzwald Norden
045 Schwarzwald Süden
018 Spreewald, Lausitz
008 Stuttgart, Schwäbische Alb
141 Sylt, Amrum, Föhr
142 Teutoburger Wald
170 Thüringen
037 Weserbergland
173 Wiesbaden, Rheingau

BENELUX
156 Amsterdam
011 Flandern, Brüssel
179 Niederlande

FRANKREICH
177 Bretagne
021 Côte d'Azur
032 Elsass
009 Frankreich Süden
    Languedoc-Roussillon
019 Korsika
071 Normandie
001 Paris
115 Provence

GROSSBRITANNIEN/IRLAND
130 London
030 Südengland

ITALIEN/MALTA/KROATIEN
181 Apulien, Kalabrien
017 Gardasee, Trentino
110 Golf von Neapel, Kampanien
163 Istrien, Kvarner Bucht
128 Italien, Norden
005 Kroatische Adriaküste
167 Malta
155 Oberitalienische Seen
158 Piemont, Turin
014 Rom
165 Sardinien
003 Sizilien
140 Südtirol
039 Toskana
091 Venedig, Venetien

**GRIECHENLAND/
ZYPERN/TÜRKEI**
034 Istanbul
016 Kreta
176 Türkische Südküste, Antalya
148 Zypern

MITTEL- UND OSTEUROPA
104 Baltikum
094 Danzig, Ostsee, Masuren
169 Krakau, Breslau,
    Polen Süden
044 Prag

ÖSTERREICH/SCHWEIZ
004 Salzburger Land
139 Schweiz
144 Tirol
147 Wien

SPANIEN/PORTUGAL
043 Algarve
093 Andalusien
150 Barcelona
025 Gran Canaria, Fuerteventura,
    Lanzarote
172 Kanarische Inseln
124 Madeira
174 Mallorca
007 Spanien Norden, Jakobsweg
118 Teneriffa, La Palma,
    La Gomera , El Hierro

SKANDINAVIEN/NORDEUROPA
166 Dänemark
153 Hurtigruten
029 Island
099 Norwegen Norden
178 Norwegen Süden
151 Schweden Süden, Stockholm

**LÄNDERÜBERGREIFENDE
BÄNDE**
123 Donau – Von der Quelle
    bis zur Mündung
112 Freiburg, Basel, Colmar

AUSSEREUROPÄISCHE ZIELE
183 Australien Osten, Sydney
109 Australien Süden, Westen
024 Dubai, Abu Dhabi, VAE
160 Florida
036 Indien
027 Israel
111 Kalifornien
031 Kanada Osten
171 Kuba
022 Namibia
041 New York
184 Sri Lanka
048 Südafrika
012 Thailand
046 Vietnam